Franz von Zaillner

Geschichte und Verhältnisse des Wien-Flusses

sowie Anträge für dessen Regulierung und Nutzbarmachung mit Rücksichtnahme

auf die jetzigen allgemeinen und lokalen Anforderungen

Franz von Zaillner

Geschichte und Verhältnisse des Wien-Flusses
sowie Anträge für dessen Regulierung und Nutzbarmachung mit Rücksichtnahme auf die jetzigen allgemeinen und lokalen Anforderungen

ISBN/EAN: 9783743316928

Hergestellt in Europa, USA, Kanada, Australien, Japan

Cover: Foto ©ninafisch / pixelio.de

Manufactured and distributed by brebook publishing software (www.brebook.com)

Franz von Zaillner

Geschichte und Verhältnisse des Wien-Flusses

Inhalt.

Einleitung.

Schon seit langer Zeit sind über den schlechten Zustand des Wienflusses und über dessen meist zu geringe Wasserführung viele Klagen vernommen worden.

Dieser Uebelstand trifft jene Reihe von Industriellen am Empfindlichsten, welche sich vor vielen Jahren und noch bis gegenwärtig wegen des Wassers längs des Flusses angesiedelt und hier ihre Fabriken oder sonstigen Anstalten errichtet haben; deren Existenz demnach von einem genügenden Wasserzuflusse in der Wien abhängig ist.

Würden diese Etablissements, wie z. B. Druckereien, Färbereien, das Wienwasser gar nicht oder nur mehr in ungenügendem Quantum benützen können, so müssten selbe die Arbeiten unbedingt einstellen; denn das einzige Hilfsmittel, die Anstalten anderweitig wieder zu errichten, ist nicht so leicht ausführbar. Durch eine Arbeitseinstellung würden aber nicht nur Tausende von Arbeitern brodlos gemacht und die einschlägigen Gewerbe in Mitleidenschaft gezogen, sondern es würden auch die betreffenden Gemeinden überhaupt und ebenso der Staat selbst durch den Entgang der Steuern geschädiget werden. Es ist dies leicht aus der Thatsache zu ersehen, dass die betreffenden Gemeinden mit circa 100.000 Einwohnern über eine Million Gulden jährlich an Steuern entrichten.

Mein langjähriger Verkehr mit den Fabriksbesitzern und Gemeinde-Mitgliedern gab mir oftmals Gelegenheit, die Frage zu besprechen, ob es nicht möglich wäre, in den Wienfluss Wasser zu bringen, ihn zu reguliren oder in einen Canal zu verwandeln.

IV

Die vielen Projecte, welche in den letzten zwei Jahren hinsichtlich des Wienflusses auftauchten und meist das Gegentheil von dem bezweckten, was die Gemeinden und Fabrikanten anstreben und anstreben müssen, machten nun die eben erwähnte Frage zu einer dringenden.

Vor Allem wurde von den Gemeinden und Fabrikanten gegen die beabsichtigte Ableitung oder Entwässerung der Wien Verwahrung eingelegt und diese in mehreren Petitionen an den hohen Reichsrath, die hohe k. k. Statthalterei und den löblichen Gemeinderath der Stadt Wien begründet.

Weiters musste aber auch dahin gewirkt werden, ein den wirklichen Bedürfnissen entsprechendes und umfassendes Project zu erhalten, weil nur auf Grundlage eines solchen die weiteren Schritte gemacht werden können.

Im Einverständnisse mit mehreren Fabriks-Besitzern und Gemeinde-Vertretungen habe ich daher am 7. März 1873 bei dem hohen k. k. Handels-Ministerium um Ertheilung einer Concession zur Vornahme der technischen Vorarbeiten für die Bewässerung und Canalisirung des Wienflusses angesucht, indem Anfangs beabsichtigt war, von der Donau oder der Traisen, Wasser in den Wienfluss zuzuführen.

Die im Sommer und Herbste 1873 vorgenommenen Recognoscirungen und Höhenmessungen zeigten aber bald, dass eine Wasserzuleitung aus der Donau kaum ausführbar ist, aus der Traisen aber nur mit ungemein grossen Schwierigkeiten und Kosten möglich wäre.

Am 26. October 1873 erhielt ich die Genehmigung des hohen k. k. Handels-Ministeriums zur Durchführung der Vorarbeiten, und übernahm Herr Franz A t z i n g e r die Leitung derselben, sowie die Verfassung eines unseren Zwecken entsprechenden Projectes.

Bei dessen Bearbeitung wurde er von Herrn Heinrich G r a v e, welcher sich bereits seit mehreren Jahren mit der Wien-Regulirung beschäftigt und bei vielen diessfälligen Commissionen intervenirte, in wirksamster Weise unterstützt.

Letzterer stellte auch viele Pläne und Daten über den Wienfluss zur Verfügung, die sonst nur mit Mühe und grossem

Zeitaufwande zu erhalten gewesen wären. Ebenso betheiligte sich Herr G r a v e an der Verfassung der vorliegenden Brochüre in hervorragendster Weise.

Indem ich selbe hiemit der Oeffentlichkeit übergebe, bin ich überzeugt, dass die Verbesserung des Wienflusses nur auf die hier dargelegte Weise nutzbringend durchgeführt werden kann, und meine Mühe und Auslage hiefür nicht unnütz verwendet wurde.

P e n z i n g , im Mai 1874.

Franz Zaillner v. Zaillenthall.

Vorwort.

Nicht darum haben wir uns der gestellten Aufgabe unterzogen, um die Projecte über den Wienfluss lediglich um eines
zu vermehren.

Wir haben das reiche, uns vorgelegene, seit Jahren gesam-
melte Materiale mit Lust und Liebe einer genauen Durchsicht
und Ordnung unterzogen und in den ersten Abschnitten dieses
Werkchens uns vollständig objectiv gehalten, um Jedermann in
die Lage zu setzen, die vielen irrigen Daten, die hie und da angegeben wurden, richtig zu stellen, auf verlässlicher Grundlage
die vorliegenden Projecte zu prüfen und die Licht- und Schatten-
seiten der Vorschläge nach allen Seiten zu ventiliren, was bisher
nicht geschehen ist.

Erst nach dieser unerlässlichen Vorarbeit gingen wir an die
gestellte Aufgabe.

„Unser Project" ist im VIII. Abschnitte beschrieben; ohne
auf Originalität in der Idee Anspruch machen zu können oder zu
wollen, glauben wir die Aufgabe auf Grund der neuesten Erfahrungen und mit Berücksichtigung der vitalen Interessen der Bewohner und der Industrie des Wienthales gelöst zu haben.

Der Ruf nach Wasser ist ein allgemeiner und bei der zahlreichen industriellen Bevölkerung der Vororte ein Nothschrei!
Soll die Industrie aber prosperiren, so muss sie möglichst billiges
Wasser erhalten, sonst leidet sie trotz Wasserreichthum aus
finanziellen Gründen an Wassernoth!

Die Commune Wien dürfte mit dem besten Willen nicht in
die Lage kommen, aus der Hochquellenleitung überhaupt oder
wenigstens viel Wasser für die Vororte abzulassen, da sich die
Population der Stadt seit Aufstellung der Berechnung des Bedarfes bedeutend vermehrt hat, so z. B. die ganze Donaustadt

VI

zugewachsen ist. Factisch hat auch bis heute die Commune Wien
noch keiner Nachbargemeinde Hochquellen-Wasser zugesagt.

Dieses Wasser wäre für technische Zwecke sehr geeignet,
denn es zeigt im Reservoir am Rosenhügel nur eine Gesammthärte von 8·6 Grad, [1] übertrifft sonach für technische Zwecke
das Wasser der Kaiser Ferdinands-Leitung, welches eine grössere
Gesammthärte hat [2]).

Nach Mittheilungen in öffentlichen Blätten [3]) will aber die
Commune Wien an die Vororte des Bezirkes Sechshaus täglich
5000 Eimer aus der Albertin'schen Wasserleitung [4]) ablassen, gegen 2 fl. pr. Eimer und Jahr.

Dieses Wasserquantum genügt nicht für den Bedarf zum
Trinken und Kochen, aber abgesehen hievon eignet sich das
Wasser nicht besonders zu technischen Zwecken, da es in Hütteldorf eine Gesammthärte von 13·23 Graden besitzt, und selbst eine
ähnliche Abminderung wie beim Wasser der Kaiser Ferdinands-
Leitung in einer gewissen Leitungslänge eintritt, angenommen,
nämlich 2·16 Grad [5]), noch immer 11·07 Härtegrad verbleiben,
somit weder dem Hochquellenwasser (8·6 Grad) noch dem Wasser
der Donauleitung (8·74 Grad) gleichgestellt werden kann.

Das Wienwasser aber hat in Purkersdorf eine Härte von
10·25 Grad und kann bei einer rationellen Leitung ganz gut am
Verwendungsorte eine Härte erzielt werden, welche der des Do-
nauleitungs- und Hochquellenleitungs-Wassers mindestens gleich-
kommt.

Auch spricht die heutige Verwendung des Wienfluss-Wassers
schon dafür, dass dessen Beschaffenheit eine den technischen Bedürfnissen entsprechende sei.

Die Güte des Wassers steht sohin ausser Zweifel, und ist
es Aufgabe unseres Projectes, das Wasser auch immer im genügenden Quantum und zu entsprechenden Preisen beizustellen und
den sich steigenden Bedarf für eine längere Zeitdauer hinaus zu
decken.

[1]) Zeitschrift des österr. Ingen.- und Architecten-Vereines 1873. S. 311.
[2]) Siehe S. 46.
[3]) Wiener Zeitungen vom 28. April 1874.
[4]) Diese 5000 Eimer vereinigen sich etwas schwer mit der officiellen
Augabe, dass die früher 5—6000 Eimer betragende Leistungsfähigkeit dieser
Quellen-Leitung dermalen auf 3000 Eimer herabgesunken ist. Siehe S. 8.
[5]) Siehe S. 46.

Sind wir dem ersten Theile unserer Aufgabe mit Vergnügen nachgekommen, so hat uns der zweite mehr Sorgen gemacht, und wir wollten die Ausarbeitung des Projectes für einen Schifffahrts-Canal schon ganz ablehnen.

In neuerer Zeit haben aber die Wasserstrassen wieder an Bedeutung gewonnen, wie die Bildung des Central-Vereines für Hebung der deutschen Fluss- und Canal-Schiffart in Berlin zeigt.

In Frankreich wurde ebenfalls in der „Assemblée nationale" die Ansicht vertreten, dass nunmehr die Wasserstrassen den Eisenbahnen zu Hilfe kommen müssen, und in England sehen wir, dass Eisenbahn-Gesellschaften selbst parallel liegende Wasserstrassen gekauft oder gepachtet haben.

In einem Berichte (ddo. 23. Jänner 1873) einer Commission an die National-Versammlung in Versailles heisst es:

„Die Canäle und die Eisenbahnen besitzen nicht dieselben Fähigkeiten für den Transport, sie leisten nicht dieselben Dienste und wenden sich nicht an dieselben Parteien. Sie können in demselben Thale gleichzeitig bestehen, ohne einander zu schädigen. Ihr gegenseitiger Einfluss kann und soll ein. Zusammenwirken, nicht aber Concurrenz bedeuten. (Concours et non la concurrence). Wenn in einem Thale eine Eisenbahn zur Bewältigung des Waarentransportes unzureichend geworden ist, soll ein Canal. nicht aber eine zweite Eisenbahn, zu Hilfe genommen werden. Durch den Canal, nicht aber durch die zweite Eisenbahn werden die öffentlichen Interessen gewahrt, ohne die Privatinteressen zu schädigen."

Diese Voten und Erfahrungen haben uns die Idee näher gelegt und wenigstens wollten wir das Project ausarbeiten, um die Ausführung, wenn sie auch vielleicht jetzt noch nicht erfolgt, doch möglich zu lassen, ohne wieder neue erhebliche Umänderungen am Wienflusse zu fordern.

Die Beilage von Plänen zu diesem Werkchen musste mit Rücksicht auf deren Grösse unterbleiben, dieselben sind aber in doppelter Ausführung dem hohen k. k. Handels-Ministerium überreicht worden.

W i e n , im Mai 1874.

H. Grave.   F. Atzinger.

I. Zur Geschichte des Flusses.

a) Im Allgemeinen.

Der Beschreibung des Flusses schicken wir eine kurze Geschichte desselben voraus.

Das Wienthal war schon bei den Römern ein Sommeraufenthaltsort und wurde desshalb eine Strasse in diese Sommerfrische angelegt [1]), welche höchst wahrscheinlich über Purkersdorf und Neulengbach eine Fortsetzung bis zur römischen Ansiedlung bei St. Pölten fand. [2])

Die Anlage dieser Strasse ist wohl dermalen noch nicht nachzuweisen, aber durch Münzenfunde in Purkersdorf und Neulengbach [3]) und aus anderen Gründen sehr wahrscheinlich.

Die Ansiedlungen am Wienflusse (ausgenommen Wien) verschwanden wieder, wenigstens geschieht ihrer in den Urkunden des IX., X. und XI. Jahrhunderts keine Erwähnung. [4])

Aber in Wien selbst diente der Fluss schon im XIII. Jahrhunderte zum Betriebe von Mühlwerken. Er hatte damals eine bedeutend höher liegende Sohle, eine grössere Breite uud theilte sich in mehrere Arme.

In einer Urkunde [5]) Leopold des Glorreichen v. J. 1211, betreffend die Gebietsgrenzen des vor dem ehemaligen Kärntnerthor gelegenen heiligen Geist-Spitales, wird ausdrücklich der sandige Boden des Flussbeetes im Gegensatze zu der künstlichen Zuleitung des Wassers zu den Mühlen [6]), welche nicht als Grenze

[1]) Siehe Hauslab's Plan in Weiss K. Geschichte der Stadt Wien 1872. I. 16.

[2]) Dr. Kenner. Die Römerorte in Niederösterreich, im Jahrbuch für Landeskunde von Niederösterreich II. Jahrg. 1869. S. 173.

[3]) Ebendaselbst. S. 212.

[4]) Dr. v. Meiller: Verzeichniss jener Oertlichkeiten im Lande Oesterreich u. d. Enns, welche in Urkunden des IX., X. und XI. Jahrhunderts erwähnt werden.
Jahrbuch für Landeskunde von Niederösterreich. I. Jahrg. 1868. S. 147.

[5]) Hormayr, Gesch. Wiens II. 6. Heft, S. 184.

[6]) In der Mitte zwischen dem Stuben- und Kärntnerthore lag die „Spittelmühl." Im Jahre 1600 wird auch eine „Kloster Himmelporten Mühl am Traidmarkht" erwähnt, welche 1647 demolirt wurde. K. Hofbauer: Die Wieden mit den Edelsitzen Conradswerd, Mühlfeld, Schaumburgerhof und dem Freihofe Hungerbrunn. Wien 1864. S. 7. 14. 16. — 1467 wird (in Schlager's Wiener Skizzen 1835. I.) eine „Radawner Mül" erwähnt, die in der Nähe des Starhemberg'schen Freihauses gelegen sein musste.

2

dienen soll — belont, und stromabwärts östlich von der Wien-
brücke (an deren Stelle jetzt die Elisabethbrücke sich befindet)
ein hohes Ufer erwähnt, das entgegenblickt. Suess [1] versteht
unter diesem hohen Ufer einen Theil jenes Steilrandes, der sich
von der Karlskirche angefangen, beim Schwarzenberg'schen und
beim Modenesischen Palaste, in der Reisnergasse, Ungargasse
u. s. w. als eine ununterbrochene, das rechte Ufer des Flusses
begleitende Linie zeigt.

Auf diesen Steilrand beziehen sich auch die im Gültenbuche
der Schottenabtei v. J. 1314—27 vorkommenden Bezeichnungen
wie: „Redditus ante postam Stuparum ex alia parte aque Wienne
in der Landstrazze superiori" und „in inferiori Lantstrazze, circa
Collem. [2]"

Der Wiener Wald selbst gelangte aller Wahrscheinlichkeit
nach, an die Babenberger, als ein von jedem Lehensbande freies
Allodial-Eigen, wie die Schenkungen an Klöster (Cisterzienser-
Kloster in Heiligenkreuz 1136, — Stift Klosterneuburg 1136, —
Schotten-Abtei in Wien 1158—1168) beweisen; der Fürstentag
im Jahre 1279 bestimmte auch bezüglich der ehemaligen Baben-
berger-Allodien, es habe der König oder in dessen Namen sein
Stellvertreter alle jene Güter in Besitz zu nehmen, welche Her-
zog Friedrich von Oesterreich und Steyer in seiner Macht und
Gewalt hatte; Gegenansprüche sollen vor Gericht geltend gemacht
werden.

Dadurch war der Wiener Wald in den Besitz der Landesfürsten übergegangen, die darüber nach Gutdünken verfügten,
z. B. die 1313 gestiftete Karthause Mauerbach (jetzt Versorgungs-
haus der Gemeinde Wien) mit reichen Schenkungen aus dem
Wiener Walde bedachten.

Damals war die Hauptbenützung der Forste wohl jene als
Jagdgebiet, welche von den Landesfürsten auch gewahrt wurde [3].

Im XV. Jahrhundert treten die Vorstädte Wiens mehr in
den Vordergrund.

Die älteste Ansiedlung war jene, schon erwähnte, vor dem
Stubenthor, jenseits des Wienflusses und finden wir schon damals
drei Brücken: an der Ausmündung des Wienflusses in die Donau
(nach Erdburg — jetzt Erdberg — und Nottendorf), in der Nähe
der späteren Mondscheinbrücke, genannt Heubrücklein [4]) (gegen
die Heugasse) und die Stubenthorbrücke (in der St. Niklas-
Vorstadt), welche zwischen 1397—1404 aus Stein gebaut wurde
und deren Pfeiler noch heute bestehen.

2

[1] Boden der Stadt Wien. 1862. S. 34.
[2] Goldhann's Ausgabe in Quellen und Forschungen. S. 177—178.
[3] Siehe die Verhandlungen über solche Jagdgebiete im Aufsatze: Der
Wildbann in Niederösterreich im XVII. Jahrhunderte von V. Reuterer. —
Blätter des Vereins für Landeskunde in Niederösterreich 1872. S. 54.
[4] K. Hofbauer a. a. O. S. 33 versetzt das Heubrückel an jene Stelle
wo sich heute die Leopo'dsbrücke befindet.

Die im Jahre 1400—1402 aus Stein erbaute Brücke vor dem Kärntnerthor (an Stelle der gegenwärtigen Elisabethbrücke) führte in eine Vorstadt (die heutige Wieden), welche sich damals bis zur Paulaner-Kirche erstreckte. Am jetzigen Obstmarkte bestand das heilige Geistkloster und nächst diesem im Wienflusse ein Paradeis (Lustgarten) im J. 1373.

Dieses Paradeis scheint zwischen dem eigentlichen Flusslaufe und dem damaligen Mühlbache gelegen zu sein, welcher bei den verhältnissmässig seichten Ufern einem Arme des Flusses gleichen mochte.

Im XV. Jahrhundert werden die Permann's-Mühle und die Kuttermühle in Gumpendorf ausdrücklich genannt [1].

Um dieselbe Zeit bestanden wahrscheinlich schon beinahe sämmtliche Mühlen inner und ausser den Linien, wenigstens finden wir schon 1488 und 1489 der „Müllner im purkchfrid hie (Wien) Ordnung" [2]; und eine von Kaltenbaeck [3] mitgetheilte Müller- und Bäcker-Ordnung vom 3. März 1534, worin es Eingangs ausdrücklich heisst: „Die Müller an der Wien und Schwechat"; ferner die Hackinger-Mühle schon 1524 urkundlich [4] erwähnt und befindet sich in derselben ein Stein mit der Jahreszahl 1472. — In den J. 1512—1529 ist der berühmte Marx Treitzsaurwein von Erntreitz, Geheimschreiber Kaisers Maximilian I. als Besitzer einer Mühle in Hietzing [4] verzeichnet.

In der zweiten Hälfte des XV. Jahrhunderts war der Wienfluss sogar strategisch wichtig, man schützte die stabilen Stuben- und Kärntnerthorbrü cken durch Bollwerke, die aber schon zur Zeit der ersten Türkenbelagerung (1529) geräumt wurden und ihren Zweck nicht erfüllten.

Die Vorwerke der inneren Stadt Wien befanden sich schon 1526 in schlechtem Zustande und litten natürlich durch die Belagerung im Jahre 1529, so dass schon 1530 mit den Herstellungsarbeiten begonnen wurde, welche aber wegen Geldmangel langsam vorschritten und 1537 durch Regengüsse sehr litten; es zerriss die Stadtmauer bei dem Kärntnerthor, das Vorland, „gestat", zwischen dem Salzthurm und Rothenthurm bis an die Zwingmauer wurde weggerissen, so dass man daselbst „wie vormals beschehen, weder Reuten noch faren mag." Der „Pach Alss so in die Rörprun gelait worden" ist „gar zerrissen vnd gross von

---

[1] Hanns der Chulpenmeister, purger ze Wienn and seine Hausfrau Kunigunde kaufen unterm 26. Feber 1407 die Chutermöl and den Weyr daran zu Gumppendorf. Font. rer. austr. XVIII 497. 499.
[2] Berichte und Mittheilungen des Alterthums-Vereins zu Wien III. 280
[3] Austria. 1842. S. 127.
[4] Göhlert. Zur Geschichte von Hacking. Blätter für Landeskunde von Niederösterreich 1866. S. 50 — Die Mühle einstmals Deutschritter-Ordens-Kommende brannte 28. Februar 1867 ab, wurde jedoch wieder erbaut.
[5] K. Hofbauer a. a. O. S. 7. Anm.

1*

nöten, dass new Rörn und Weer gemacht und die Prün in wesen‘ erhalten werden. Bei der Donaubrücke waren durch das Wegschwemmen von hoch liegenden Landtheilen um 48 Joche mehr nothwendig geworden, als zur Zeit der Belagerung durch die Türken vorhanden gewesen [1]).

1548 übergaben Graf Niklas v. Salm und Hermes Schallauzer, oberster Superintendent der Gebäude ihr Gutachten wegen der Bauten bei dem Kärntnerthore [2]), aus dem wir entnehmen: „Dieweill ein kleines wasser von St. Ulrich (Ottakringerbach) yeczo zu der Stainen Prügken bei dem Kaernerthor rinnt, doch oft so stark anschwillt, bei zwei Klafter hoch, soll diess Wasser in den Stadtgraben geleitet werden vnd weil der Graben eine grosse weitt, soll ein Grabl darein gemacht, zunächst des äussern Walles, damit er in die Thunaw geleitet werde.“

Aus dem Berichte des Schallauzer vom 9. Juni 1549 ersehen wir, dass der Wasserzufluss der Wien in den Stadtgraben an 5 Klafter fertig sei [3]).

Dieser „Wasserzufluss“ war der sogenannte Münzgraben, aus dem Wienfluss abgeleitet.

Nachdem auch die vorgeschlagene Einleitung des Ottakringer Baches erfolgte, so wurde der Stadtgraben versumpft und diente bis in die Mitte des XVII. Jahrhunderts theilweise als Fischteich.

1582 erscheint die Schleifmühle urkundlich. Im XVI. Jahrhunderte wurde auch die Holzgewinnung aus dem Wiener Walde wichtiger, 1567—1582 eine „Beraitung und Ausmarkung“ des Wiener Waldforstes vorgenommen und vermuthlich bald darauf eine Holzschwemme bei der sogenannten Heigelsfurther (früher Härtlesfuhrter) Mühle mit Zuhilfenahme des deutschen Waldbaches hergestellt, da Leopold I. Holzarbeiter herbeirief und in dem Walde ansiedelte.

Das Paradeis im Wienflusse erhielt Reichsgraf Konrad v. Starhemberg 1643 von Kaiser Ferdinand III. zu Lehen. Mit Freibrief [4]) vom 3. Juli 1647 wurde das ganze Gut sammt Garten etc. und Fischwasser in das volle Eigenthum des Grafen überlassen und hiess nunmehr Konradswerd. Vermuthlich bei Herstellung des Starhemberg'schen Freihauses [5]) wurde der Mühlbach in jene Trace umgelegt, die er bis zu seiner Verschüttung hatte.

1632 kauften die Dominikaner die Kuttermühle in Gumpendorf; die Peterman's - Mühle war Eigenthum des Stiftes

[1]) Vorstellung der Gemeinde Wien an Ferdinand I. am 22. Jänner 1537. Siehe K. Oberleitner's „Oesterreichs Finanzen und Kriegswesen unter Ferdinand I. Wien 1859. S. 109.
[2]) K. Oberleitner's a. a. O. S. 111.
[3]) K. Oberleitner a. a. O. S. 112; s. a. Schlager Skizzen.
[4]) Siehe denselben bei Hofbauer a. a. O. S. 411.
[5]) Nach dem Brande im Jahre 1759 umgebaut und 1786 durch Zubauten und ein zweites Stockwerk vergrössert. Weiss a. a O. S. 203.

Dorothea und bildete einen Freihof, der sich bis zum Jahre 1848 erhielt.

1680 wurde eine Verfügung des Vicedom- und Wassergrafenamtes getroffen, wornach die rechtmässige Haimhöhe des Gumpendorfer Wehres auf 13" festgesetzt und bestimmt wird, dass die damalige Höhe von 28" bei einem Umbau auf 13" gebracht werde.

Das landschaftliche Bild des Wienflusses, der nur seichte Ufer hatte, war damals von seinem Austritte aus dem Wiener Walde bis zur Mündung in den Donaukanal ein wesentlich anderes. Aecker und Weingärten zogen sich zu beiden Seiten des Flusses hin.

Ein Theil der Landstrasse vom Augustiner-Kloster bis zum Rennweg und St. Marx, dann der grösste Theil der Wieden, ganz Matzleinsdorf, Margarethen, Hundsthurm, die Anhöhen in Mariahilf, auch Neustift, Lerchenfeld und Breitenfeld waren dicht mit Weingärten besetzt; die auf der Landstrasse reichten bis zum Wienflusse herab [1])

Die grosse Zahl der Weingärten entnehmen wir auch aus dem unter-österreichischen Land-Compass von Stefan Sixsey, Zeugs-Commissair der n.-ö. Landrechte, Wien 1673 [2]), es sind darin angeführt unter den besten Weinorten: Breitensee;

Mittere: Gumpendorf, Penzing, Baumgarten, St. Veit, Meidling, Hundsthurm, Nikolsdorf, St. Marx, „auf dem Gries und was nächst Wien herumb";

Schlechtere: Hietldorf, Hacking, Laintz, Speising.

Der Wiener Wald war damals nahezu im jungfräulichen Zustande und das Wasser rein, so dass die Fischerei noch ein Regale für die Grundherren bildete [3]).

Der Fluss schlängelte sich im breiten Bette oft in mehreren Armen hin (so sollen noch im XV. Jahrhunderte zwei Seitenarme desselben das vorerwähnte Paradeis eingeschlossen haben) und durch die Höhenlage der Sohle desselben wurden Teiche, damals „Weyher" genannt, an den Ufern gebildet, als welche wir betrachten möchten folgende urkundlich erwähnte, 1407 bei der Kuttermühle in Gumpendorf (s. S. 3 Anm. 1), 1452 Permann's Weyher vor der Karlskirche, 1467, Königs-Weyher in der Schöffstrasse, 1475 Weyher hinter dem heiligen Geistspitale, am Obstmarkte. Im XVII. Jahrhunderte wird noch eine Froschlacke zunächst der Schleifmühle erwähnt.

---
[1]) K. Weiss Geschichte v. Wien II. 252.
[2]) Mitgetheilt von Franz Weigert in den Blättern für Landeskunde 1865 S. 189.
[3]) Siehe den vorerwähnten Freibrief für das Gut Konradswerd.
1524 wird das Fischrecht in St. Veit. Hacking und Hütteldorf erwähnt. (V. Göhlert: Zur Geschichte von Hacking in den Blättern für Landeskunde 1866. S. 50.)
Gegen das Ende des XVIII. Jahrhunderts finden wir noch die Klage über die Fischer, die durch das Aufwerfen von Sandkirren den Flusslauf verschlechtern.

Andere „Weyher" waren Quellen im Niederschlagsgebiete des Flusses; es werden urkundlich angegeben: 1307 ein Weyher beim Klagbaum, 1471 eine Lacke ausserhalb des Klagbaumes auf der Wieden und in späterer Zeit (Mitte des XVI. Jahrhundorts) ein Fischteich im Garten des Paulaner-Klosters auf der Wieden [1]). Jedenfalls bestanden auch schon damals die später unter den Mühlwerken angeführten sechs Quellen. Der Teich in der Theresianischen Ritter-Akademie (ehemalige Favorita, Wieden) wird von der später erwähnten k. k. Siebenbrünner Wasserleitung gespeist [2]). In K. Weiss' Geschichte der Stadt Wien II. 207 ist die Gegend des Wienflusses zwischen der Schikaneder- und Pressgasse mit dem erst in jüngster Zeit abgebrochenen Wenzelsberg'schen Landhause (Wiengasse Nr. Or. 27. Consc. Nr. 810 früher 559, 277) abgebildet; jetzt steht an dieser Stelle ein Kübeck'sches Palais.

Im XVIII. Jahrhunderte traten erhebliche Aenderungen im Gebiete des Wienflusses ein. Durch die Herstellung der Linienwälle wurde bei Regengüssen ein Theil des Wassers, welches sonst den Vorstädten zueilte, bei der Schönbrunner-Linie in den Fluss geleitet, das atmosphärische Wasser aber durch vorschreitende Verbauungen, Pflasterungen und Kanalbauten [3]) rascher dem Flusse zugeführt, so dass die Ueberschwemmungen immer drohender werden mussten.

Durch das Aufblühen der Vorstädte vermehrte sich die Brunnenzahl, welche dem Flusse Wasser wegnahmen, endlich führte man Wasser aus dem Niederschlagsgebiete mittelst Leitungen in die Stadt etc., so dass auch dadurch eine Verminderung des Wassers eintrat.

Solche Leitungen [4]) sind:

1. Die schon im XVI. Jahrhunderte hergestellte k. k. Siebenbrünner Hofwasserleitung, hat ihre Brunnstube auf der Sie-

---

[1]) Schlager Wiener Skizzen und Hofbauer a. a. O.

[2]) Die Wasserversorgung der Stadt Wien. Wien 1861. I. 5.

[3]) Die Pflasterung in Wien sollte schon 1526 beginnen, aber erst in der ersten Hälfte des XVII. Jahrhunderts wurde sie ins Werk gesetzt, war aber nicht zufriedenstellend und 1732 die Art der Steine vorgeschrieben.

1781 ordnete Kaiser Josef die Pflasterung mit gleichwinkligen Steinen (eine Art Würfel) an, was aber wegen Mangel an Kräften zum Verfertigen der Steine aus dem Weidlinger und Sieveringer Bruche nicht geschah.

Endlich wurden Militär-Sträflinge abgerichtet. — 1800 begann man Granitwürfel zu verwenden. — In den Vorstädten begann die Pflasterung der Strassen erst nach dem J. 1780.

Die Anlage von Kanalbauten begann unter Kaiser Karl VI. K. Weiss a. a. O. S. 230.

Zehden Dr C. Beiträge zur Geschichte der Wiener Wohnungsnoth und des damit zusammenhängenden Bauwesens, im Jahresbericht für 1870 der Ersten öffentlichen Handels-Lehranstalt in Wien. Wien 1870.

[4]) Die dem Ottakringer Bache Wasser entziehenden Quellenleitungen erwähnen wir nicht, da ersterer 1831 in einem Kanale direct in den Wiener Donaukanal geleitet ward und nur bei Regengüssen durch die Ueberfallkanäle Wasser an den Wienfluss abgibt.

benbrünnerwiese in Matzleinsdorf und ist der für diese gewidmete
Grund (hinter dem Hause 51 Siebenbrünnergasse) heute noch
durch vier Grenzsteine markirt, welche die Jahreszahl 1553 tragen. Sie ergab täglich 1800—2000 Eimer, hat aber in Folge der
Bauten in der Nähe der Brunnstube und ihrer Saugkanäle na-
turgemäss abgenommen und werden schon heute viele von ihr
früher ausschliesslich gespeiste Brunnen nunmehr auf andere
Weise für ihren Bedarf gedeckt [1]).

Eine im Jahre 1836 über Allerhöchste Entschliessung vom
28. Februar 1829 bewilligte Ableitung in der Stärke eines Zolles
von dieser Wasserleitung ergab per Tag 2—400 Eimer.

2. In der zweiten Hälfte des XVII. Jahrhunderts legte man
eine Wasserleitung am Hungerbrunn an und erweiterte dieselbe
1835, da der Zufluss so gross wurde, „dass die verfangenen
Quellen in unterirdischen Gängen in die Brunnenstube zusammengezogen wurden."

Heute heisst diese Leitung Laurenzer-Leitung, sie hat ihre
Saugkanäle, welche bis ausser den Linienwall reichen, auf der
Höhe der Laurenzergasse, am Fusse des Wiener-Berges; früher
1000—1400 Eimer täglich ergebend, hat auch diese Leitung bedeutend nachgelassen [2]).

3. Károly'sche Wasserleitung, im Beginne des XVIII. Jahrhunderts errichtet. — Brunnenstube nächst der Károlygasse, er-
trägt 800—1000 ja 1500 Eimer innerhalb 24 Stunden, es werden
davon drei Brunnen gespeist [3])

4. Stadler theilt eine Dekretskopie vom 1. Juni 1706 [4]) mit,
worin ausgesprochen wird, dass „der Besitzer und Grundherr am
Hundsthurm zu Ihrer Majestät Diensten auf seinen Gründen unter-
schiedliche Brunnenstuben zu graben und daraus die Wasser nach
Schönbrunn, in die Favorita (Theresianum), in die kaiserliche
Burg und in die Stadt zu führen erduldet."

Diese Leitungen dürften sich auf die sogenannte Hofküchen-
Wasserleitung nach Schönbrunn beschränkt haben und liegen die
Rohre und Brunnenstuben zwischen Südbahn und dem Hundsthurmer
Friedhofe.

5 Die Albertinische Wasserleitung, sie wurde 1804 mit
einem Kostenaufwande von 400.000 fl. vollendet.

Die Urquelle auf der hohen Wand im Halterthale hinter
Hütteldorf, vereinigt sich mit 3 anderen Quellen und nimmt, nachdem das Wasser einen Seiger (Reinigungs-Kessel) passirt, aus der
rechts im Halterthal befindlichen Ottakringer Waldung noch drei
Quellen auf.

Die Wasser sammeln sich in circa 4000° langen Saugkanälen,

[1]) Stadler: Die Wasserversorgung der Stadt Wien in ihrer Vergan-
genheit und Gegenwart. Wien 1873. S. 35.
[2]) Stadler a. a. O. S. 34.
[3]) Stadler a. a. O. S. 37.
[4]) Stadler a. a. O. S. 35.

welche mehrere gebohrte Brunnen in sich schliessen, ausser dem
Quellwasser noch das Wasser der atmosphärischen Niederschläge
als Seichwasser aufnehmen und diese Wässer in die 45' lange,
34' breite Brunnenstube nächst Hütteldorf sammeln, von wo die
Leitung mit zwei neben einander liegenden Röhren den Wasserthurm
auf der Penzinger Anhöhe passirt und dann nach Wien gelangt.
Während diese Leitung im J. 1861 noch 6000—7000 Eimer
per Tag ergab, ist deren Leistungsfähigkeit jetzt auf 3000 Eimer
herabgesunken [1]).

6. Belvedere-Wasserleitung, entspringt am Laaerberge, hat
eine geringe Leistungsfähigkeit, ebenso die ihr parallel liegende,
den fürstlich Schwarzenberg'schen Garten versorgende.

7. Eszterházy-Schöpfwerk und Mariahilferleitung, besteht aus
einem Schöpfbrunnen mit zwei Pumpen im Hause Nr. 9 Kaiserstrasse
und stand früher mit der sogenannten Mariahilferleitung in Verbindung, deren Saugkanäle vom Linienwalle bis auf die Schmelz
reichen. Die Wasserleitung hat ihre Dienste versagt, der Brunnen
gab 1867 täglich 1600—2000 Eimer Wasser [2]).

8. Die Baron Dietrich'sche Wasserleitung, 1838 hergestellt
mit Benützung des der Kommune Wien gehörigen, ausser der
Matzleinsdorferlinie, links vom Mauthgitter befindlichen Brunnens,
ergab täglich 200—400 Eimer [3]).

9. Die im J. 1862 errichtete Stadtpark-Wasserleitung nächst
der Stubenbrücke an der Lastenstrasse übt (trotz des Bedarfes
von täglich 12000 Eimer im Sommer) auf den Wasserstand der
Wien, soweit er hier in Betracht kommt, keinen grossen Einfluss,
da eben oberhalb des Schöpfwerkes der Wr.-Neustädter Kanal in
den Wienfluss einmündet.

Es werden sohin dem Wienflusse durch Wasserleitungen
binnen 24 Stunden entzogen.

1. Siebenbrunner Hofwasserleitung nebst		
Abzweigung	2000—2400	Eimer.
2. Laurenzerleitung	1000—2000	„
3. Károly-Leitung	800—1000	,,
4. Albertinische Wasserleitung	2000—3000	„
5. Eszterházy-Wasserleitung	1600—2000	,,
6. Dietrich'sche Wasserleitung	200— 400	,,
Zusammen .	7600—10800	Eimer

=13,619·20 —19,353·60 Kubikfuss=430·08—611·16 Kubikmeter,
mit Nichtbeachtung der Leitungen [4]) für das Belvedere, Palais
Schwarzenberg, dann die Schönbrunner-Wasserleitung und des

[1]) Stadler a. a. O. S. 39.
[2]) Stadler a. a. O. S. 40.
[3]) Stadler a. a. O. S. 41.
[4]) Auch in Hacking ist eine Quelle, deren Wasser in das Hackinger
Schloss geleitet ist! Im März 1866 erhält die Gemeinde Ober-St.-Veit mit
Allerhöchster Entschliessung die Erlaubniss, mit Benützung des Wassers
aus dem k. k. Thiergarten sich eine Röhrenleitung anzulegen.

nicht unbeträchtlichen Quantums, welches durch die Brunnen dem Niederschlagsgebiete des Flusses entnommen wird.

Der Wiener-Wald wurde 1724 an die Ministerial-Hofbanco-Deputation verpfändet und war zur Zeit Maria Theresia's sowohl der Jagd als der Holzgewinnung gewidmet, da Kaiser Franz ein passionirter Jäger war.

Die Holzschwemme 1730 noch stark betrieben, brachte 1741 grosses Unheil über das Wienthal.

In der Nacht vom 5. zum 6. Juni rissen die Dämme der Klause ein und eine furchtbare Ueberschwemmung war die Folge; F. W. Weisskern sagt wohl in seiner Topografie v. J. 1768[1]), dass diese Ueberschwemmung Anlass gegeben habe, die Bergbäche, die sonst den Fluss unverhofft anschwellten, hinter Purkersdorf abzuleiten.

Wie aber oben erwähnt, war die Ueberschwemmung v. J. 1741 eine Folge des Reissens der Holzklause bei Purkersdorf und diese Ableitung von Bergbächen, die auch mit Rücksicht auf die Terrain-Verhältnisse sehr zweifelhaft ist, dürfte in das Gebiet der Sage zu verweisen sein. Auch in späteren amtlichen Verhandsungen über den Wienfluss findet sich keine Andeutung über eine solche Ableitung, wohl aber scheint dieses Ereigniss die Folge gehabt zu haben, dass die Schwemme im Jahre 1754 ebenso wie der Rechenzaunplatz, der noch heute „im Rechen“ heisst, aufgelassen, als Wiese verpachtet und die dazu gehörigen Gebäude demolirt wurden.[2])

1755 trat die Kaiserin die Forste an den Staat ab, jedoch wurden letztere bis 1859 von dem k. k. Oberstjägermeisteramte verwaltet, und insbesondere die Bedürfnisse des Hofes und der Stadt Wien an Brennholz, die Sicherung gegen Holzmangel oder allzuhohe Holzpreise berücksichtiget.[3])

Ueber die gewichtigen Folgen der geänderten Verwaltung werden wir später sprechen.

Es dürfte hier am Platze sein, die damals bestandenen Mühlbäche und Mühlen, sowie andere Werke aufzuführen.

1. Die kaiserliche Münze im Stadtgraben.

Durch Wienwasser betrieben, der Münzgraben zweigte bei der Elisabethbrücke ab und führte in einem gemauerten Kanale in den Stadtgraben, dann durch diesen in die Donau.

2. Die Bärenmühle (früher Heiliggeistermühle) befand sich zuerst neben dem Gotteshause des Ordens vom heil. Geiste am Obstmarkte und war Eigenthum des Ordens[4]), dieser besass auch

[1]) II. Band S. 291.
[2]) Kurz: Purkersdorf zur Zeit Maria Theresiens. Blätter für Länderkunde in Niederösterreich 1865. S. 172.
[3]) Beiträge zur Geschichte des Wiener-Waldes, Blätter für Länderkunde in Niederösterreich 1870. S. 281.
[4]) Hofbauer Karl: Die Wieden mit den Edelsitzen Conradswerd, Mühlfeld, Schaumburgerhof und dem Freihofe Hungerbrenn, S. 376; die Urkunde ddo. 9. Juni 1451 befindet sich im Bürgerspitals-Archive.

eine Gü:t auf der Mühle des Otto Hackher an der Wien, welche
die Hackher'schen Eheleute aber 1380 eingelöst hatten;[1] die
Mühle ging 1533 an das Bisthum Wien über, brannte 1684 ab
und wurde 1705 an dem Wienflusse, auf der „Trückherstatt"-
vis-à-vis dem und zum Hause Nr. 3 Or. Wienstrasse (Wieden
791 [2]) gehörig, ein Mühlwerk mit 3 Gängen — doch nur aus
Holz — wieder hergestellt.[3])

Im Jahre 1741 wurde die Bärenmühle von den Fluthen des
Wassers zertrümmert, 1759 litt sie beim Brande des Fr«ihauses,
am 19. Jänner 1766 brannte es in der Mühle selbst und am
8. Mai 1777 stand sie wieder unter Wasser. 1794 wurde die Mühl-
gerechtsame vom Hause Nr. 3 zum „schwarzen Bären"[4]) auf die
von Anton Hof neuerbaute Mühle Nr. 1 Or. Wienstrasse (Wieden
790) übertragen.

An letzterer Stelle befand sich 1684 das „kaiserliche Brunn-
und Waschhaus"[5]),

4. Schleifmühle. Schleifmühlgasse Nr. 19 (Or. Wieden 786).

Am 21. Mai 1582 stellte Kaiser Rudolf II., dem Haons
Gebl einen Freiheitsbrief für den im „Mühlfeldt" gelegenen „Mühl-
schlag" aus, nachdem Gebl dort noch eine Schleif- und Polier-
mühle errichten wollte; am 8. Juni 1660 erfolgte die Erhebung
der Freimühle zu einem adeligen Besitz mit dem Namen „Mühlfeldt".[6])

4. Heumühle auch Steinmühle Nr. O. 5 Heumühlgasse
(Wieden 745). Erscheint schon 1539 im Urbarium und Dienstbuch
des Wiener Bürgerspitals[7]).

Die Mühlverwaltung produzirte anlässlich der Verhandlungen
über den Neubau des Wehres eine Verfügung des Vicedom- und
Wassergrafenamtes vom Jahre 1763, welche die Haimhöhe der
Mühle auf 15 Zoll festsetzte; — 1820 wurde, um über die Fata-
litäten puncto Baues des Gumpendorfer Wehres hinwegzukommen.
ein Versuch gemacht, die Heumühle einzulösen, diese Idee aber
wegen der Kosten wieder fallen gelassen.

Diese drei Mühlen waren abhängig von dem Gumpendorfer
Wehre; der Mühlbach durchzog die heutige Grün- und Sackgasse.
durchfloss dann die Heumühle, Mühlgasse bis Pressgasse, dann die
Höfe der Häuser Nr. O. 11, 9, 7, 5, 3, 1 Mühlgasse, 4 Schika-

---

[1]) Hofbauer a. a. O. S. 9.
[2]) In Klammern geben wir die Conscriptions-Nummern der Häuser.
[3]) Diese von jener Hofbauer's a. a. O. S. 375 und 376 gegebenen, ab-
weichende Darstellung gründet sich auf Pläne des Wienflusses, in welchen
die Mühlen deutlich eingezeichnet sind. Das Mühlgebäude ist noch auf dem
Nagel'schen Plane sichtbar. Im Hause Nr. 3 selbst war eine Kotzenwalke.
[4]) Das Haus hat heute noch den Schild zum „schwarzen Bären" und
in ihm schrieb Ignaz Castelli seine Wiener Anekdoten unter dem Titel
„Bären."
[5]) Hofbauer a. a. O. S. 374 und 375.
[6]) Hofbauer a. a. O. theilt diese im Stadtarchive erliegenden Urkunden S. 410 und 414 mit.
[7]) Hofbauer a. a. O. S. 149.

nedergasse, von da die Schleifmühle, hernach die Mühlbachgasse und nach Passirung der Bärenmühle ergoss er sich nächst der Schikanederbrücke in den Wienfluss.

Die ehemals in Mariahilf bestandenen Obere und Untere Wehrgasse (jezt Theile der Mollard- und Magdalenenstrasse) dann die noch heute giltige Bezeichnung „Wehrgasse" im V. Bezirk Margarethen deuten auf das Gumpendorfer Wehr hin.

Das Hochwasser im Frühjahre 1805 beschädigte das Wehr, um 27. September desselben Jahres kam wieder hohes Wasser, welches einen beträchtlichen Theil des Wehres am rechten Ufer wegriss und die Mühlen ausser Betrieb setzte.

Am 18. September 1806 riss ein Hochwasser weitere vier Klafter des Wehres durch, so dass die Neuherstellung unabweislich war.

Die Müller behaupteten, sie hätten nur für die Erhaltung aber nicht für den Umbau des Wehres zu sorgen, und nebstdem ergaben sich Differenzen über die Haimhöhe des Wehres.

Im Jahre 1808[1]) wurde durch Allerhöchste Entschliessung den Müllern die Kostenbestreitung auf- und der Bau dem k. k. Wasserbauamte übertragen;

In Folge der feindlichen Invasion begann der Bau erst 1811, gelangte im nächsten Jahre zur Vollendung und erforderte besonders wegen der gestiegenen Preise 96.000 fl. Bancozettel.

Aber schon 1813 ging dieses Wehr durch einen Eisstoss zu Grunde und die Kosten des neuen Wehres mussten nunmehr grösstentheils vom Aerar getragen werden. Die Vollendung des Wehres verzögerte sich durch Hochwässer, die Frage, ob Schleussen im Wehre angebracht werden sollen etc., bis in das Jahr 1823.

Die neuen Wehren wurden mehr senkrecht auf den Stromstrich gestellt und bedeutend gekürzt, gleichzeitig aber erhöht.

Bei der Regulirung des Wienflusses achtete man auf diesen Umstand nicht; das Wehr gab daher zu Ueberschwemmungen der nebenliegenden Vorstädte Anlass.

Am 11. Juni 1856 löste die Commune Wien die Wasserrechte der drei Müller um den Betrag von 102.750 fl ein, das Wehr wurde abgetragen und der Mühlbach verschüttet.

5. D o r o t h e e r m ü h l e, auch Hofmühle, früher Petermann's-Mühle, war den niederösterreichischen Landständen unterthan, wie heute noch eine Tafel am Hause, Hofmühlgasse Nr. 0. 7 (Gumpendorf 40) kennzeichnet. Ober der Mühle befand sich ein Ablassgraben von dem Mühlbache in den Wienfluss, die heutige Thurmburggasse.

6. K i r c h e n m ü h l e, Mollardgasse Nr. 0. 44 (Gumpendorf Nr. 138).

7. D o m i n i k a n e r m ü h l e, früher Kuttermühle, Morizgasse

---

[1]) Die Angaben bei Hofbauer a. a. O. S. 23, dass das Wehr 40.000 fl. gekostet habe, sind insoferne richtig, als der Ueberschlag auf diese Summe lautete, aber es kam 1808 zu keiner Ausführung.

Nr. O. 3. (Gumpendorf 150). Unter dieser Mühle bestand ein Ablassgerinne, entsprechend der heutigen Morizgasse, zwischen Mollard- und Ufergasse.

8. Gräflich Meraviglia, später „Mollardmühle", Mollardgasse Nr. O. 56 Gumpendorf 173).

Diese vier Mühlen zweigten ihren Mühlbach bei der Wehre in Meidling, oberhalb der heutigen „Eisernen Brücke" ab; — die Wehr- und Mühlbachgasse in Sechshaus leiten ihren Namen vom Bestande dieser Wehren und des Mühlbaches ab.

Der Mühlbach führte zwischen den Häusern Nr. O. 48—60 Planken-, dann Nr. O. 1—13 Wehrgasse, in die Mühlbachgasse, dann dieser entlang in die Meraviglia-Mühle, durchfloss den Raum hinter den Häusern Nr. O. 84—80 Mollardgasse, brach bei Nr. 80 in die Mollardgasse aus, verliess diese wieder, um hinter den Häusern Nr O. 70, 68, 66 und 64 in die Dominikanermühle zu gelangen, von wo er am Raude der Mollardgasse (theilweise ist gegenwärtig der Bachgrund schon in die Bauparzellen einbezogen) bis zur Marchettigasse, in ersterer Gasse verblieb, um von da über den Grund der heutigen Häuser Nr. O. 24, 22, dann hinter Nr O. 20, 18 und 16 Mollardgasse, die Hofmühle zu erreichen, um dann den Grund der heutigen Häusergruppen, welche durch die Spörlingasse getrennt werden, benützend, zum Wienflusse zu gelangen und vor dem Gumpendorferwehre in denselben zu münden.

Das Wehr in Meidling wurde bei einem Hochwasser im Jahre 1847, welches die Schönbrunnerstrasse und einen Theil des Theresienbad-Gartens überraun, weggerissen und nicht mehr hergestellt.

9. Ausserdem bestand ein kleineres Wehr ober der Stiegergasse in Sechshaus, mittelst welchem das Wasser in einem Gerinne durch die Auen direkte in die Lederfabrik in Sechshaus, welche einerseits die Fronten der Pfeifergasse bildet, geleitet wurde; von der Fabrik floss das Wasser durch Gärten und Auen wieder in den Fluss ab.

Dieses Wehr für die Lederfabrik wurde später aufgelassen und an der jetzigen Stelle unterhalb der eisernen Brücke in Meidling neu, sowie ein neuer Mühlgraben hergestellt, der ausser der oberwähnten Lederfabrik noch eine Mühle im Hause Nr. O. 2 Pfeifergasse (Sechshaus 132) bedient und durch letztere Realität seinen Abfluss in die Wien sucht.

10. Eine schon 1780 aufgelassene Mühle finden wir an jener Stelle verzeichnet, wo heute die Häuser Nr. O. 127 und 128 in Gaudenzdorf stehen; das dazu gehörige Wehr befand sich an der Stelle, wo gegenwärtig die sogenannte eiserne Brücke in Meidling errichtet ist.

11. Die später erwähnten sechs Quellen befanden sich: eine im heutigen Hause Nr. O. 51 Mühlbachgasse (Sechshaus 99), eine im dermaligen Hause Nr. O. 49 Mühlbachgasse (Sechshaus 157),

drei im heutigen Hause Nr. O. 7 Stiegengasse (Sechshaus 153), eine an der Stelle, wo heute die Gärtnergasse in Gaudenzdorf in die Schönbrunnerstrasse mündet.

12. „Rothe Mühle" in Ober-Meidling an Stelle der heutigen Cavallerie-Kaserne.

13. Schöpfwerk in Schönbrunn.

14. Fast- auch Feistmühle in Hietzing.

15. Feldmühle in St. Veit.

Die Objekte 12—15 besassen ein eigenes Wehr an der Stelle, wo heute der Mühlbach den Wienfluss in einem hölzernen Gerinne übersetzt. Im Jahre 1808 war es schadhaft und wurde ein Neubau angeordnet.

Der Mühlbach hatte dieselbe Lage wie heute, besass vor der Penzing-Hietzinger Brücke einen Abfluss in die Wien, durchsetzte Schönbrunn, nahm durch die Gärten ober der Schönbrunner-Strasse seinen Lauf in die rothe Mühle und mündete ober dem 1847 kassirten Wehr.

16. Holzmühle in Baumgarten.

17. Hackingermühle.

18. Glutmühle in Hütteldorf.

Diese drei Mühlen Nr. 16—18 bezogen ihr Wasser von dem Mariabrunner-Wehr durch den Mühlbach, wie er noch heute mit einigen durch den Bau der Elisabethbahn bedingten Aenderungen besteht.

Später wurde das nach Punkt 15 erwähnte Wehr kassirt, ein hölzernes Gerinne über den Fluss aufgestellt und nachdem das Schöpfwerk in Schönbrunn und die rothe Mühle aufgelassen wurden, der frühere Ablass bei der Penzing-Hietzinger-Brücke benützt, um durch ihn den Mühlbach in den Wienfluss abzuleiten.

Eine Entlastung für den Mühlbach, welche besonders wegen des in ihn einmündenden Lainzerbaches nothwendig ist, wurde durch die Anlage eines Ablaufgrabens in der Badgasse in Hietzing erzielt.

Dieser Mühlbach bildet besonders in Hietzing, wo er durch die Gärten der Villen fliesst, eine arge Kalamität; wiederholte Versuche, denselben zu beseitigen oder einzuwölben, scheiterten bisher.

Am Wienflusse fanden sich ausserdem noch die Pragermühle in Purkersdorf mit einem eigenen Wehr und Zuleitungsgerinne, dann aufgelassene Klausen in der grossen und dürren Wien. Die aufgelassene Holzklause in Purkersdorf wurde schon vorne erwähnt.

Erst im jetzigen Jahrhundert ist nächst dem Neuwirthshaus oberhalb Purkersdorf ein Wehr hergestellt worden, um die Neumühle zu betreiben, dieses Wehr ist aber heute eine Ruine und die Mühle ausser Betrieb.

Mehrere Objekte beziehen gegenwärtig durch kleine Zuleitungskanäle ihr Wasser aus dem Wienflusse und zwar die freiherrlich Laudon'sche Badeanstalt in Weidlingau, das Hütteldorferbad, das Hackingerbad, die Fabrik des Herrn Spitzer in St. Veit und die Bade- und Schwimmanstalt in der Penzinger Au.

Ausserdem fanden sich Mühlen vor: zwei am Mauerbach, eine an der Gablitz, die schon erwähnte am deutschen Waldbach, eine am grossen Steinbach, eine am Saubach.

Im Jahre 1781 schon aufgelassen war die Pulverstampfe, die vom Pulverstampfwasser oder Rothwasser im Auhof in Betrieb gesetzt wurde.

Nach dieser Einschaltung gehen wir an der Hand von amtlichen Daten auf die Bestrebungen zur Regulirung über.

Im Jahre 1781 überreichte Wilhelm Bayer, Architekt und Statuarius, der mancherlei Projekte zur Verschönerung Wiens ausarbeitete (Erweiterung des Stefansplatzes, Anpflanzung der Basteien und Esplanaden mit Bäumen, Verlegung der Fleischbänke unter die Basteien, etc.) einen Antrag für die Verschönerung des Wienflusses.

Das Wohnen am Wienflusse wurde vom „Magistrats Sanitatis" Bock als schädlich erklärt und den Ausdünstungen des Wassers an den häufig auftretenden Faulungsfiebern und epidemischen Krankheiten nicht geringer Antheil zugeschrieben. Eine Verbesserung sei, ein genügendes konstantes Wasserquantum im Flusse zu erhalten, wozu die in „hiesiger Gegend befindlichen vielen und häufigen Quellen" das Mittel wären. Es wird auf die vier Fischteiche im Kloster Mauerbach hingewiesen, welche hinreichen würden, den Fluss mit Wasser zu versehen und den 13 bestehenden Mahlmühlen, die ein Drittel des Jahres nicht mahlen können genügendes Wasser zu verschaffen, ausserdem könnte der Halterbach verwendet werden, Mühlen und Eisenhämmer in Betrieb zu setzen.

Um das Versickern des Wassers im Flussbette zu verhindern, sollen die öden Gründe, welche in Folge des Umhauens der Auen entstanden, wieder angepflanzt, der „Sandwucher" geregelt, die Schwellung des Flusses, (welche übrigens schon vor vielen Jahren von der Regierung verboten wurde) durch die Fischer vermieden auch weiter flussaufwärts noch Reservoirs angelegt und alle Quellen und Gewässer zusammengezogen werden.

Die Benützung der Niederungen der Wienufer zur Ablagerung von Kehricht und der Senkgrubeninhalte sollte aufhören.

Die Kosten werden mit 50.000 fl., die Erhaltung und Entlohnungen per Jahr auf 1200 fl. veranschlagt, ohne Rücksicht auf Entschädigungen für Fischwässer [1]), Viehweiden etc. [2]).

Die Müller befragt, befürchteten eine ähnliche Katastrophe

---

[1]) Das Fischwasserrecht erstreckte sich damals nur noch bis zu den Linien Wiens.

[2]) Bericht vom 30. December 1871, Act der Hofkanzlei Nr. 200.

wie im Jahre 1741, bestritten, dass genügend Wasser erhalten
werde, erklärten sich jedoch, da ihnen für etwaige durch die Anlagen hervorgerufenen Ueberschwemmungsschäden eine Vergütung
„ab ärario" zugesprochen wird, zu einer Abgabe per Tag und
Gang bereit. Der Kaiser ordnet nähere Erhebungen an (Resolu-
tion 28. April 1782).

Die oberwähnten 4 Teiche enthielten 5,168.232 Kubikfuss =
163.206 Kubikmeter Wasser und wurde nach dem Zuflusse zu
einem Teiche in der Zeit vom 12. bis 18. Juni 1782 ermittelt,
dass sich die durch das Zapfenloch in 24 Stunden ausgelassene
Wassermenge von 838.944 Kubikfuss = 26493 Kubikmeter in
20 Tagen erneuern würde, wenn der Zufluss immer constant
bliebe, der Teich wasserdicht ist, und keine Verdunstung eintritt.
Per 24 Stunden berechnet sich somit ein Zufluss von 41947 Kubikfuss oder 1325 Kubikmeter.

Das Wasser gelangte vom oberen Feldteiche in vier Stunden
23 Minuten nach Mariabrunn; als Ursache dieses verhältnissmässig
langsamen Fliessens wird angegeben: das kleine Gefälle des Mauerbaches [1]), seine Gruben und das dürre Erdreich.

Als weitere geeignete Punkte zur Herstellung von Teichen
werden erwähnt, der Auhof mit vier Teichen und zwar: 2 in der
sogenannten Grünau, 1 auf der Bischofswiese beim Rothteich, und
1 bei der vormaligen Pulverstampfe, dann ein Platz ober „Bur-
kersdorff" bei Gablitz.

Dieses Projekt fand im Oberst Brequin einen Gegner, und
er beantragte, die Anlage eines Reservoirs ausser der Schönbrunner-Linie, mit Wehre und Schleussen, fünf Aufzugthoren, Kosten
30.000 fl.

Das Bassin sollte insbesondere das Wasser aus G Quellen [2]),
welche zwischen dem Meidlinger-Wehre und der Hundsthurmer-
Linie vorhanden waren und (nach 30 Tagen andauernder Trockenheit) in einer Stunde 128 Kubikklafter, daher in 24 Stunden
94392 Kubikfuss = 2522 Kubikmeter Wasser abgeben, aufnehmen, und durch gleichzeitiges Oeffnen der Schleussen der Unrath
im Wienbette weggeschwemmt werden.

Ausserdem beantragt Brequin Thalsperren.

Gegen die Anlage eines solchen Reservoirs wurde geltend
gemacht, (auch „die von Wien" gaben ein ähnliches Gutachten
ab) [3]) dass dadurch bei Regengüssen eine Ueberschwemmung der
Vorstädte herbeigeführt würde, und auf das im Jahre 1741 erfolgte Reissen der Dämme in Purkersdorf (ein Fall, der sich bei

---

[1]) Ein Trugschluss, da der Mauerbach ein stärkeres Gefälle hat als
der Wienfluss.
[2]) Siehe S. 12.
[3]) In diesem dto. G. September 1782 heisst es: „dass der Wienfluss
und Alserbach durch die in den umliegenden Gebirgen niedergehende bef-

Teichen wiederholen könne), auf die Ueberschwemmungen durch den Alsbach und den damals noch offen fliessenden Ottakringerbach erinnert [1])

Das Hauptaugenmerk aller Vorschläge ging dahin, das Wasser „zu vermehren“, damit dasselbe den Unrath abführen könne.

Ausser den obigen spärlichen Daten über den Wasserzufluss finden sich leider keine Angaben, aber wiederholt wird erwähnt, dass man auf die Teiche nicht sicher rechnen könne, da man nicht weiss, ob das Wasser immer im gleichen Masse zufliesse.

Das Resultat der vielen Aeusserungen war, dass mit Hofkanzlei-Dekret vom 20. März 1783 Z. 819 angeordnet wurde, bei dem der Stadt Wien gehörigen Steinbruche in Purkersdorf solle eine Mauer in Mörtel hergestellt werden, um das Fallen von Steinen in den Wienfluss zu verhindern [2]) und die Ausgüsse der oben erwähnten 146 Häuser sind zu pflastern.

Ueber Beschwerde des Bayer [3]) sprach die Hofkanzlei im Mai 1785 dem Gekränkten „die Anerkennung“ aus; nachdem jedoch der Nutzen der Anlage von Teichen nur den Müllern zugute käme, möge sich der Projectant mit diesen wegen der Kosten der Durchführung in Verbindung setzen; aber die Regierung erhält gleichzeitig den Auftrag, den Fluss nach und nach auf eine Minimalbreite zu bringen, seinen Lauf durch kleine Sporn-

---

tige Platzregen und besonders bei sich einstellenden Wolkenbrüchen plötzlich so anzuwachsen pflegen, dass wie die Erfahrung gelehrt, in einem Zeitlauf von ungefähr 18 Jahren jene Häuser schon 5 bis 6 Mal meistens unter Wasser gesetzt worden sind, welche an diese Flüsse anliegen und darunter finden die Gründe Hundsthurm, die Neuwieden, Gumpendorf, der Magdalenengrund, die neue Wienn, wie auch die am Alserbach beiderseits angebaut viele Häuser so betroffen, dass sie schon öfters sehr empfindlich Schaden erlitten haben und noch beträchtigeren zu erwarten haben mögen, wenn das jetzig ziemlich breite Bett]des Wienflusses durch die Vorsetzung eines neuen Wehr mehr eingeschränkt werden würde.

[1]) Als Curiosa mag hier angeführt werden, dass man 1783 behauptete, dass der üble Geruch der Wien zwar unangenehm, aber nicht gesundheitswidrig sei, in Spanien und anderen heissen Ländern diene ein solcher Geruch dazu, die Luft vor Fäulung zu·schützen, ferner wurde der Vorschlag gemacht, in den 146 Häusern, von welchen Hauskanäle, eigentlich Rinnsale in den Wienfluss münden, zu gleicher Zeit eine halbe Stunde die Brunnen zu schöpfen und so dem Flusse Wasser zuzuführen. Hiezu machte Jemand die Bemerkung, dass ihm dies gerade so vorkäme, als wenn man eine Feuersbrunst mit Trinkgläsern voll Wasser löschen wolle.

[2]) Diese Steine wurden nämlich als Hauptursache des Schotters angesehen, welchen der Wienfluss mit sich führt.

[3]) Dieser hatte sein Projekt während der Verhandlungen dahin ergänzt, dass er 11 Teiche: 4 bestehende und 2 eingegangene Teiche in Mauerbach, 3 eingegangene Klausen in der Dürr- und Grosswien, ein herzustellendes Reservoir zwischen Hietzing und F-ldmühle, 1 ddto. zwischen Meidling und Schönbrunner-Linie, dann 1 im Schönbrunnergarten in der Fasanerie mit einem Fassungsraume von 2,202.814 Cubikklafter in Verwendung bringen wollte.

zäune oder Sandaufkirrungen zu regeln und die Ufer durch Pflanzungen zu befestigen; die Regierung solle das „von denen", die es trifft, nach und nach zu bewirken trachten.

1792 machten die Klosterneuburger den Versuch, auf ihren Gründen in Hietzing, St. Veit, Breitensee und da herum, Villen zu bauen und diese an wohlhabende Stadtleute während des Sommers zu vermiethen. Sie erhielten die Erlaubniss dazu, besonders, weil dadurch diese Gegenden moralisch gehoben würden, während man jetzt (1792) eingestehen müsse, dass es keiner Polizei möglich sein könnte, in alle diese Spelunken einzudringen, wo die schrecklichsten Dinge vorgehen sollten. Allein es fehlte an Miethern und so wurde der Versuch wieder aufgegeben [1].

1805 begannen die Verhandlungen wegen der Regulirung, die bis 1813 währten, ohne Resultate zu bringen. Energische Eingaben der beiden Stadtphysiker brachten die Angelegenheit wieder in Fluss, neue Erhebungen wurden gepflogen und als Mängel constatirt:

Der ausgedehnte und zerstreute Lauf des Flusses, die überhand genommene Versandung und Verschlemmung des Bettes, die nicht gehörig hohen Ufer, die vielen Mühlwerke, welche durch Ableitungen den Unrath aufhalten, die Einmündung von Unrathskanälen, die ungescheute Entleerung alles Schuttes und Unrathes in das Bett, das Graben von Sand und Thon, endlich die ungünstige Ausmündung des Flusses.

Beschlossen wurde inner den Linien: die ordentliche Leitung des Flusses nach einer bestimmten Weite und Tiefe des Bettes, die Ausfüllung der Ufer mit Schotter und Unrath (!), Faschinenverkleidung, Anpflanzung von Akazien und Herstellung von Stakettengittern, dann die Aufstellung von Wächtern.

Zur Fortbringung des Unraths werden Schleussen in den Wehren der Kärntner- und Stubenbrücke beantragt.

Die Regulirung der Ufer wird mit Allerhöchster Entschliessung vom 12. August 1814 genehmigt und da „die Verschönerung und Erhaltung der öffentlichen Gesundheitszustände der Ortsobrigkeit obliegen", so werden die Kosten (veranschlagt mit 72.850 fl. 15 kr.) dem Magistrate aufgebürdet; mit Rücksicht auf die städtischen Finanzen aber, die Einkünfte des „Holzgroschens" [2] dem Magistrate überwiesen.

Die Regulirung begann in der Strecke Kärntnerbrücke bis Donaukanal, die hergestellten Durchlässe in den Brückenwehren wirkten nach einem Berichte vom Jahre 1816 sehr gut; das Hochwasser schwemmte einen grossen Theil des „seit Jahrhunderten" angesammelten Unrathes fort.

Die Einleitung von Unrath in den Wienfluss hörte übrigens

---

[1] Zehden Dr. a. a. O. S. 115.
[2] Der Holzgroschen war ein seit 1797 bestehender Aufschlag von jeder, auf eine Wiener Holzlegstätte gebrachten Klafter Holz.

nicht auf, da die Unrathskanäle der Häuser auf Kosten der Eigenthümer bis zur Regulirungslinie verlängert werden mussten.

Als Wächter für die Anpflanzungen und die hergestellte Heckeneinzäunung statt der beantragten Staketten wurden Invaliden bestellt.

Im Sommer 1817 war die ganze Regulirung von der Schönbrunner-Linie bis zur Stubenthorbrücke mit einem Aufwande von 247.914 fl. 27¹/₂ kr. beendet (bis auf die Umänderung der Ausmündung).

In die Zeit der Regulirung fällt eine wiederholte Herstellung des Gumpendorfer-Wehres, die wir S. 11 berührt haben.

Ueber die Aenderung der Ausmündung des Wienflusses in den Donaukanal fanden langwierige Verhandlungen statt und war besonders unter den Civil-Technikern keine Einigung zu erzielen, weshalb dann F. M. L. Maillard und der Oberst im Geniecorps Brasseur beigezogen und auch die Vorschläge der Letzteren vom Kaiser am 9. Juli 1817 genehmigt wurden.

Die Kosten hatte die Gemeinde Wien zu tragen, mit Ausnahme jener, die unmittelbar bei der Vereinigung mit dem Donaukanal aufliefen und vom Staatsschatze bestritten wurden.

Im Jahre 1820 begann eine Art Regulirung ausser den Linien Wiens durch Anpflanzung der Schotterbänke an beiden Ufern und ihrer „Anhögerung", wodurch man wenigstens bewirkte, dass der Fluss mehr zusammengehalten wurde und einerseits das Bett sich vertiefte, andererseits bei Hochwasser die Ufer sich erhöhten.

Besonders wurde die Strecke Linienwall-Weidlingauerbrücke ins Auge gefasst und es sollten dem Flusse, der 100, ja an einigen Stellen 150° Breite hatte, eine Breite von 15° oktroirt werden; auch die Erbauung von Fahrbrücken bei Penzing und Hacking erkannte man als wünschenswerth.

Die Kosten für die Regulirung waren mit 50.000 fl. W. W. beziffert und sollten auf 5 Jahre vertheilt — das erste Baujahr durch die von den niederösterreichischen Ständen beigesteuerten 15.000 fl. gedeckt werden, aber in diesem Baujahre wurden 21.935 fl. 11¹/₄ kr. verwendet und die Kosten des zweiten Baujahres mit 12 404 fl. 13 kr. P. G. veranschlagt.

Die Gemeinden und Eigenthümer fanden die Kosten unerschwinglich, es entstanden Differenzen über die Art der Beitragsleistungen und unterblieb jede weitere Arbeit über Hofkanzlei-Dekret vom 15. März 1822.

Jedoch waren zur Zeit der Entscheidung schon Arbeiten im Betrage von 40.000 fl. hergestellt.

Das Wehr unter der Stubenbrücke war in Folge der vorne erwähnten Regulirungsarbeiten des Wienflusses mit Schleussen und Schützen versehen (1814); nachdem das Ziehen der Schützen in Folge der Herstellung der Fusswege nicht mehr möglich war, so wurden erstere 1828 ganz aufgelassen.

Im Jahre 1825 wurde damit begonnen, die Ufer stückweise mit gepflasterten Böschungen zu versehen, obwohl der Holzvorrath sehr dagegen war und auf die Unmöglichkeit hinwies, die Holztheile immer unter Wasser zu halten, daher ihr Bestand ein geringer sei.

In den Jahren 1830—31 wurde der sogenannte Cholera-Kanal, sowie eine neue Ausmündung in den Donaukanal hergestellt,

1848 wird zur Beschäftigung der brodlosen Arbeiter die schon im Jahre 1847 angeordnete theilweise Regulirung der Strassen und des Wienflusses vor dem Hauptzollamtsgebäude vorgenommen, wozu die Gemeinde Ein Drittel beizutragen verpflichtet wurde.

Der Wunsch des Gemeinderathes (17. November 1848 Z. 1010) dass die das Fahrwasser beschränkenden Versandungen, bei der Ausmündung des Wienflusses und bei der Franzensbrücke mit Rücksicht auf den niedern Wasserstand, durch beschäftigungslose Arbeiter hinweggeräumt werden mögen, wird von der Regierung nicht acceptirt, da keine Mittel hiefür flüssig sind und die Baggerung ohnehin systematisch betrieben wird. Dagegen wird durch beschäftigungslose Arbeiter ein Theil des neuen (heutigen) Wienbettes bei der jetzigen Schwarzenbergbrücke gegraben.

Die Ufer wurden nach und nach durchaus mit gepflasterten Böschungen versehen, das Wehr in Gumpendorf 1856 kassirt, theilweise im V. Bezirk Quaimauern hergestellt und bei dem Schlachthause in Gumpendorf eine Correction dahin vorgenommen, dass das Bett mehr an das linke Ufer verlegt wurde.

Die im Jahre 1848 ausgehobenen Gräben verblieben ungeändert bis zum Jahre 1865, in welchem nach Vollendung der Schwarzenbergbrücke dem Wienflusse zwischen der Elisabeth- und Tegetthofbrücke ein neues Bett gegeben wurde, die bezüglichen Arbeiten endeten am 9. September 1867.

In diesem Jahre (11. Februar) wurden vom Stadterweiterungsfonde die an dem Wienufer gelegenen Plätze (innerhalb der Einfriedungen) an die Gemeinde Wien in's Eigenthum übergeben.

Finden wir sohin inner den Linien Wiens einen geregelten Zustand, so war es ausserhalb nicht so gut bestellt. Nachdem die beabsichtigten Regulirungen nicht durchgeführt, aber die Kosten für das Hergestellte theilweise den Anrainern aufgebürdet wurden, suchten sich die Dominien eines solchen Besitzes grösstentheils zu entschlagen und verschenkten sogar den Ufergrund, oder verkauften ihn billig mit der Verpflichtung, dass der Flussanrainer auch den Uferschutz herstellen und erhalten müsse.

Einige Besitzer schützten ihren Grund mit Weidenpflanzungen, Böschungen oder Quaimauern, wobei es auf die Grenze eben nicht immer genau ankam, auf eine Gesammt-Regulirung aber gar nicht gedacht wurde, andere thaten nichts. Die Folge war eine beständige Verrückung des Bettes, ein Hin- und Herwerfen des Stromstriches.

Nach den Zerstörungen des Hochwassers im Jahre 1851 wurde für die Regulirung des Wienflusses von Wien bis Mariabrunn ein Plan angefertigt, aber in Folge der in Aussicht stehenden Erbauung der Elisabethbahn die Angelegenheit sistirt.

1857 war die Verwaltung der Elisabethbahn zu einer Regulirung des Wienflusses von der Penzing Hietzinger Kettenbrücke bis zur Grenze Hacking bereit, verlangte jedoch einen Beitrag von den Gemeinden.

Zu einem solchen waren die letzteren nicht zu bewegen und von Seite der Bahnverwaltung wurden nur dort, wo Umlegungen aus Anlass des Bahnbaues stattfanden oder wo es zur Sicherung der Bahn nothwendig war, Uferbauten vorgenommen.

In Hacking rang die Gemeinde dem Flusse durch Vornahme von Weidenpflanzungen erhebliche Grundflächen ab.

Nach dem Hochwasser vom Jahre 1861 wurde eine Versicherung der Ufer zwischen der Schönbrunner- und Penzing-Hietzinger Kettenbrücke durch das Hofaerar veranlasst.

1863 erfolgten die Weidenanpflanzungen in Pressbaum.

In dem Jahre 1868 wendeten der damalige k. k. Bezirks-Kommissär Oskar Welzl von Wellenheim in Hietzing, später in Sechshaus und der Ingenieur Heinrich Gravé ihre Aufmerksamkeit dem Wienflusse zu und brachten es — da bei dem Mangel an jedwedem Fond nichts anderes möglich war, — wenigstens dahin, dass bei Strassenregulirungen, Parzelirungen und Bauten auf entsprechendes Niveau und auf die Anlage von Uferstrassen Rücksicht genommen wurde [1]).

Der n. ö. Landesausschuss hat diese Bestrebungen mit Wohlwollen verfolgt, war durch seine Organe bei den Kommissionen vertreten und hat sich auch im Prinzipe für eine Betheiligung an einer wirklich zu Stande kommenden Regulirung ausgesprochen.

Obwohl die anlässlich der im Jahre 1866 zu Wien abgehaltenen 26. Versammlung deutscher Land und Forstwirthe ausgegebene offizielle Broschüre „Ueberblick der k. k. Staatsforste im Wiener-Walde" ausdrücklich den Wienerwald als herrlichsten Schmuck der nächsten Umgebung Wiens, als das wirksamste Mittel für die Erhaltung der Fruchtbarkeit und Salubrität der Gegend im Kampfe mit entgegen wirkenden klimatischen Potenzen pries, für deren Abschwächung die beste Bürgschaft nur in der Erhaltung und pfleglichen Behandlung der diesen Zweck im vorzüglichen Grade erfüllenden Staatsforste des Wiener-Waldes geboten ist, wurde von der Finanzverwaltung später ein ganz anderes System eingeschlagen.

Die Verwüstungen, welche zur Zeit der französischen Invasion im Wienerwalde erfolgten, waren bis zum Jahre 1850 wieder durch Nachwuchs ersetzt, und Anfangs von der neuen Verwaltung

---

[1]) Neue freie Presse vom 3. Juni 1859.

auch die frühere Schonung eingehalten, wie die vorstehende Erklärung zeigt.

In demselben Jahre ergab sich ein geringerer Bedarf an Holz, und diess führte zu Verträgen mit Privatunternehmern, zur starken Inanspruchnahme des Waldes (im Jahre 1870 um 80.000 Klafter (!) über das regelmässige Quantum), was nach Angaben von Fachmännern in 5 Jahren einen Kahlbetrieb von ¼ der Gesammtfläche des Wiener Waldes bedingt.

Mit Gesetz vom 12. April 1870 wurde ferner der Verkauf von 5409 Jochen isolirt gelegenen Theilen des Wiener Waldes gestattet.

J. Schöffel machte in energischer Weise auf die von der Finanzverwaltung im Jahre 1865 selbst zugegebenen Gefahren aufmerksam, der Gemeinderath von Wien zog diese Frage in Erwägung und andere Korporationen traten gegen die beabsichtigte Wald-Feldbau Wirthschaft auf [1]).

Die Commune Wien berief eine Experti-e, welche sich für die vorgefundenen Zustände nicht begeistern konnte, und nur über die Frage war eine Meinungsverschiedenheit, ob die Devastation schon stattgefunden oder blos begonnen habe.

Es wurden die nöthigen Eingaben gemacht, eine eigene Commission zusammengestellt, welche diese Angelegenheit im Auge zu behalten und die Frage zu studiren hat, ob, wenn es zu einer Veräusserung von Forsttheilen kommen sollte, die Gemeinde Wien den Ankauf anstreben sollte? [2])

Die Entholzung scheint abgewendet und es ist eine heilige Aufgabe unserer Korporationen zu wachen, dass der Wiener-Wald auch ferner erhalten bleibe.

Die heutigen Verhältnisse des Wienflusses schildern wir im Abschnitte VI.

---

b) Bedeutendere Hochwässer und sehr niedere Wasserstände.

1295 war ein so hohes Wasser, dass das ganze Bürger-spital [3]) unter Wasser gestanden und die Kranken kaum gerettet werden konnten.

1405 „um Gottleichnams-Octav" war in Folge der starken Regengüsse das Marchfeld überronnen und wurde wieder das obengenannte Spital und die Wieden theilweise überschwemmt.

---

[1]) Auch der Handels- und Gewerbeverein in Sechshaus hat über Antrag von H. Grave entsprechende Beschlüsse in dieser Angelegenheit gefasst.
[2]) Die Gemeinde-Verwaltung der Reichs-Haupt- und Residenzstadt Wien in den Jahren 1867—1870, Wien 1871. S. 418—422.
[3]) Befand sich am linken Ufer nächst der Kärntnerthorbrücke.

1670 regnete es durch zwei Tage und eine Nacht und wurden am 4. Juli in der Nacht zwischen 11 und 12 Uhr die an dem Wienflusse liegenden Vorstädte und Ortschaften überschwemmt, Leute ertränkt, Häuser eingerissen und grosser Schaden angerichtet.

1741, 5. Juni ging ein Wolkenbruch über Wien und Umgebung nieder, die Wildbäche schwollen an, am Ottakringer- und Alserbache mussten die Leute auf die Dachböden der Häuser flüchten.

Der Wienfluss richtete in Folge des Reissens der Klause in Purkersdorf einen erheblichen Schaden an, der Schönbrunnergarten wurde verwüstet, die Bärenmühle zertrümmert u. s. w.

1777, 8. Mai fand eine neuerliche Ueberschwemmung statt.

1783 war vom 18. bis 30. Jänner hohes Wasser, ebenso am 4. Februar.

1785, 9. August trat in Folge eines $1^1/_2$ Stunden anwährenden Wolkenbruches eine grosse Ueberschwemmung ein, während welcher auch zwei Teiche in Mauerbach (3 Joch Fläche) rissen und ihr Wasser in den Wienfluss ergossen; zwei in der Paulanergasse angebundenen Pferde ersoffen und das Gumpendorfer Wehr wurde beiderseits umgangen.

Im Jahre 1820 wurde konstatirt, dass die Teichbrüche von keinem wesentlichen Einflusse auf die Grösse der Ueberschwemmung waren.

1802 vertrocknete der Wienfluss so vollständig, dass die Müller durch 8 Monate nicht mahlen konnten und auch die vier vorhergehenden Jahre war im Sommer ein geringer Wasserstand.

1805, Frühjahr und 27. September waren Hochwässer, die das Gumpendorferwehr untauglich machten.

1813 finden wir einen heftigen Eisgang verzeichnet, welcher das neuerbaute Gumpendorfer Wehr wegriss.

1815 am 29. Juli kam eine Anschwellung des Wienflusses vor, die sich in Folge der durchgeführten Regulirung als nicht besonders schadenbringend zeigte, aber doch die bischöflichen Gärten am rechten Ufer der heutigen Rudolfsbrücke überrann.

1816, 20. Oktober stellte sich in Folge von Regengüssen ein Hochwasser ein, welches in Hietzing und Hacking die Strassen überschwemmte.

Beim Zustande des Flusses vor der Regulirung war bei einem Wasser von gleicher Höhe nothwendig, in Margarethen Fahrzeuge zur Erhaltung der Kommunikation beizustellen und den Bewohnern Hilfe zu bringen; in Folge der durchgeführten Regulirung, Erhöhung der Strassen und Herstellung der Grundablässe an den Brücken fand kaum ein Steigen um 3' statt; über die Wehren bei der Kärntnerthorbrücke floss das Wasser 15", bei der Stubenbrücke 20" hoch.

Die Anschauungen über die Vortrefflichkeit der Regulirung erlitten eine bedeutende Abschwächung durch das Hochwasser im

Jahre 1819 am 21. August Nachmittags, welches ober- und unterhalb des Gumpendorfer Wehres austrat.

Am linken Ufer ergoss sich das Wasser in den Hofraum von Nr. O. 67 Magdalenenstrasse (Gumpendorf 15) in einer Höhe von $1\frac{1}{2}'$ an den höchsten Stellen.

An die Häuser Nr. O. 4, 6, 8 Mollardgasse (Gumpendorf 17 und 18) schlug das Wasser in der Höhe von $1\frac{1}{4}$ bis $1\frac{1}{2}$ Schuh an und verbreitete in den tieferen Gemächern der Erdgeschosse Angst und Schrecken.

Die Einwohner versicherten, dass diess selbst im Jahre 1785 nicht geschehen sei, wo das Wasser kaum die Mauern bespülte.

In die Dorothea-Mühle war das Wasser zwar nicht von aussen, aber in Folge des Rückstaues durch den Mühlkanal eingedrungen und stand im Hofe bei 6 Zoll, in der Mühlstube $1\frac{1}{4}$ Schuh hoch, ein Fall, dessen sich die ältesten Leute nicht erinnern konnten.

Am Magdalenengrunde wurden die Häuser von Aussen auf $1\frac{1}{2}-2$ Schuh vom Wasser bespült, welches in die tieferen Gemächer des Erdgeschosses eindrang und in manchen die Höhe der Zimmerthür erreichte.

Am rechten Ufer wurde ober dem Wehre das Haus Nr. 29 Grüngasse (Margarethen 134) um $1\frac{1}{2}$, das Haus Nr. O. 75 Wienstrasse (Margarethen 135, im Hofe drang das Wasser durch den Ablaufkanal ein), um etwa 1 Schuh überronnen.

Unmittelbar unterhalb des Wehres war das rechte Ufer zwei Schuh hoch überschwemmt.

Die Wienstrasse war ferner ebenfalls von der Pressgasse angefangen bis zu dem Hause Nr. 12, Wienstrasse (Wieden 877) überronnen und ergoss sich das Wasser in die erzbischöflichen Gärten. (Der untere Theil der Kettenbrückengasse mit den anliegenden Gründen.)

Aus dem Geschilderten ergibt sich, dass die Ueberschwemmung unter dem Wehre die früheren Hochwässer nicht erreichte, jedoch ober dem Wehre bedeutender war, woran die Erhöhung des Wehres die Schuld trug [1]).

Nach einer damals durchgeführten Berechnung flossen bei dieser Ueberschwemmung (welche unter allen Hochwässern vom Jahre 1785 an bis 1819, als die kleinste erhoben wurde, während die im Jahre 1785 die grösste war) per Sekunde 10.920 Cub. Fuss Wasser über das Gumpendorfer Wehr.

1821, 5. September trat wieder ein Hochwasser ein, welches bis Mittags stieg und die Gegend von Margarethen und den Magdalenengrund bis zum Theater an der Wien überschwemmte, jedoch lief das Wasser in zwei Stunden wieder ab.

---

[1]) Bericht des obersten Kanzlers Grafen Saurau an den Kaiser vom 25. August 1819.

1828, 26. Juli stellte sich ein hohes Wasser ein, über welches keine näheren Daten vorliegen.

Die Hochwässer aus den Jahren 1839 und 1840 erwähnen wir desshalb, weil sie insbesondere die an der Kärntnerthorbrücke ohnehin schon vorhandenen Schäden vermehrten und die Frage des Neubaues der Brücke in Fluss brachten.

1847. Dieses Jahr brachte eine grössere Ueberschwemmung, welche das Wehr ober der eisernen Brücke in Meidling wegriss und einen Theil des Gartens im Theresienbade überrann.

1851 am 18. Mai kam das grösste Hochwasser im XIX Jahrhundert, in Schönbrunn soll es nur um 2' unter der Ueberschwemmungshöhe vom Jahre 1785 zurükgeblieben sein. Es richtete erheblichen Schaden an und nahm beinahe sämmtliche Holzstege und Brücken mit oder machte sie doch unpassirbar.

Am 18. September desselben Jahres schwoll der Wienfluss wieder an, jedoch nicht in dem Masse, wie im Mai.

1853 kam im Juli ein Hochwasser vor, welches die Mollardund Magdalenenstrasse theilweise überschwemnte.

1867, 2. Mai trat ein (seit 18. Mai 1851 das stärkste) Hochwasser ein, welches ausser anderen Schaden unterhalb der Pilgrambrücke Uferbeschädigungen herbeiführte (wesshalb dann einige Stauwehren eingebaut wurden), der Niederschlag in Wien betrug am 2. Mai 10·90 Pariser Linien. Zu gleicher Zeit trat auch der Traisenfluss aus seinen Ufern und stieg das Wasser im Donaukanal.

1872, 18. August kam das letzte Hochwasser vor, in Folge der anhaltenden Regengüsse und zweier im Waldviertel niedergegangenen Wolkenbrüche [1]), Niederschlagshöhe in Wien 10.86 Pariser Linien.

Dabei trat der Tullnerbach aus seinen Ufern und richtete Schaden an [2]).

Diese Daten beweisen, dass die Hochwässer nicht ausser Acht gelassen werden dürfen und wenn auch durch Vertiefung der Flusssohle und durch Erhöhung der Ufer ein viel besserer Zustand geschaffen ist, so wird durch das Hochwasser vom Jahre 1851 doch Vorsicht geboten, umsomehr, als sich durch die Verhältnisse bei einem Wolkenbruche die plötzlich ablaufenden Wassermassen gewiss nicht vermindern.

Wir finden auch noch in den Vorschriften bezüglich der Ueberschwemmungen in Wien [3]) (1856) hinsichtlich des Wienflusses ganz ähnliche Vorsichtsmassregeln, wie bezüglich des Donaukanals, wie z. B. Ausführen von Schiffen etc. vorgesehen und angeordnet.

---

[1]) Wiener Kommunal-Kalender 1873 S. 269.
[2]) Wiener Zeitungen vom 25 August 1872.
[3]) Kaj. Schiefer. Information für die Beamten des Stadtbauamtes über die bei Wassergefahren im Bereiche der k. k. Haupt- und Residenzstadt Wien eintretenden Geschäfte. Wien 1856. S. 115. 147.

o) Brücken und Stege über den Wienfluss.

1. **Radetzkybrücke.** Eine hölzerne Brücke fand sich schon im XV. Jahrhundert (S. 2). 1804 und Ende der Zwanzigerjahre umgebaut. 1851 durch Hochwasser weggerissen. 16. October 1855 die jetzige Brücke eröffnet. Kosten: 384.717 fl. für Uferbauten und Quaimauern: 49.730 fl.

2. **Zollamtsbrücke.** 1849 ober dem jetzigen hergestellt, 1851 weggerissen. Der heutige Steg 1868 hergestellt, Kosten: 7096 fl. 69 kr. österr. Währ.

3. **Stubenbrücke.** 1397—1404 aus Stein gebaut (S. 2) 1827 die Fusswege durch einen Anbau hergestellt, die Brücke am linken Ufer um 4³/₂ Klafter gekürzt, um eine bessere Zufahrt zur damaligen Hauptmauth zu erzielen, daher statt der ehemaligen acht Brückenfelder dermalen nur mehr sechs bestehen. Ueber das Wehr — kassirt 1860 — siehe S. 18.

4. **Giselabrücke.** a) Zuerst erbaut 1850 in der Verlängerung der Strasse durch das bestandene Karolinenthor in der Richtung gegen die Salesianergasse mit einem Pfeiler in der Mitte. Vom Hochwasser 1851 weggenommen.

b) Mit Benützung der stehen gebliebenen Landpfeiler wurde eine Brücke nach Neville'schen System hergestellt, eröffnet 28. November 1857. Kosten: 75.773 fl. C. M.

c) Nachdem sich an dieser Stelle eine Fahrverbindung als nothwendig zeigte, wurde die Brückenconstruction an die gegenwärtige Stelle übersetzt, verbindet den Stadt- mit dem Kinderpark und führt gegen die Reisnerstrasse.

5. **Tegetthofbrücke,** ehemals Karolinensteg, Johannesbrücke. Ungefähr an derselben Stelle bestanden die unter 4 a, b beschriebenen Brückchen, dann wurde etwas flussaufwärts eine hölzerne Fahrbrücke hergestellt und 1873 die mit 264.698 fl. veranschlagte Tegetthofbrücke dem Verkehre übergeben.

6. **Schwarzenbergbrücke,** früher Mondscheinsteg. Zur Verbindung der Stadt mit der Heugasse war schon frühzeitig ein Steg (welcher nur in Fällen der Noth auch befahren wurde), hergestellt, 1818 finden wir ihn schadhaft und wird ein neuer Steg aus Bohlenbögen mit steinernen Widerlagern ausgeführt. 1850 wurde dem Gasthause zum goldenen Mondschein gegenüber für den schadhaften Steg eine Fahrnothbrücke erbaut; am 11. November 1865 die Schwarzenbergbrücke für den Verkehr eröffnet.

7. **Technikersteg.** Schmaler Holzsteg gegenüber dem Eingangsthore des k. k. Polytechnikums, am 18. Mai 1851 spurlos weggeschwemmt, ohne wieder hergestellt zu werden.

8. **Elisabethbrücke,** früher Kärntnerthorbrücke, steinerne Brücke. 1400 hergestellt (S. 3) hatte ursprünglich 9 Bogenöffnungen, von denen 3 gegen die Stadt verschüttet wurden. 1821 entfernte man die eine Klafter hohen Mauern an den Lang-

seiten der Brücke und jene zwischen Fahrbahn und Gehweg, durch Anbringung von Tragsteinen für die Fusswege wurde eine grössere Breite gewonnen [1]

Die Brücke, die durch das Hochwasser vom Jahre 1784, sowie durch die Anbringung von vier Schleussen in dem Wehre, zu welchem Zwecke die Grundmauern gesprengt werden mussten, gelitten hatte, musste neu gebaut werden. Der Bau begann am 16. September 1850, nachdem etwas flussaufwärts eine hölzerne Nothbrücke hergestellt worden war. Die Eröffnung erfolgte am 23. April 1854 [2]. Kosten für die Brücke mit 412.783 fl, für die Uferversicherung mit 135.950 fl. C. M. beziffert. Am 19. November 1867 erfolgte die Schmückung der Brücke mit acht marmornen Standbildern, die in das Eigenthum der Kommune übergingen, welche die Sockeln und 10.000 fl. beigesteuert hatte.

9. S c h i k a n e d e r b r ü c k e, ehemals gräflich Palffy'scher Theatersteg, dann Zahlkettensteg. 1813 durch freiwillige Beiträge erbaut und hatte Graf Ferdinand Palffy auf dem Gebäude des Theaters an der Wien grundbücherlich die Verpflichtung vormerken lassen, diesen Steg zu erhalten. 1821 begannen die Verhandlungen wegen einer Neuherstellung, scheiterten aber an dem Widerstreben der Gemeinde Wieden. 1828 stellten Josef Jäckel und Karl Drechsler den Antrag, auf ihre Kosten einen Kettensteg gegen ein Mauthprivilegium auf 30 Jahre und per Person 1 Kreuzer zu erbauen [3]. Der Kettensteg wurde am 5. August 1830 eröffnet und am 5. August 1860 in das Eigenthum der Commune übergeben und der Brückenzoll aufgehoben [4].

10. L e o p o l d s b r ü c k e, früher Fokanedisteg; schon im vorigen Jahrhundert (aber etwas mehr flussabwärts, n i c h t in die Schleifmühlgasse einmündend) bestanden; 1816 neu hergestellt mit Verwendung von Bohlenbögen (erste derartige Construction in Wien). 1851 am 18. Mai beschädigt, von einem späteren Hochwasser weggerissen. Am 15. November 1860 die neue eiserne Brücke dem Verkehre übergeben. Kosten 67.400 fl.

11. R u d o l f s b r ü c k e, früher Fahrkettenbrücke. Obwohl im Jahre 1819 eine Fahrbrücke (an Stelle der heutigen Nevillebrücke) vollendet wurde, zeigte sich schon 1821 die Herstellung einer neuen Fahrbrücke über den Wienfluss als nothwendig. Die bischöflichen Küchengärten wurden parzellirt und dadurch auch

---

[1] Hofbauer a. a. O. S. 26—28 gibt eine Beschreibung der alten Brücke mit ihren Bildsäulen und Inschriften.

[2] Diese Brücke nebst einer Skizze der kassirten, bringt Förster's allg. Bauzeitung 1854. S. 3 u. f.

[3] Die Kommune Wien, aufgefordert, zur Erlangung einer Fahrbrücke in Concurrenz zu treten, lehnte ab, da eine Brücke wegen der Nähe der Kärntnerthorbrücke überflüssig, ja für den Obstmarkt sogar nachtheilig wirke (!).

[4] Nur nach dem Hochwasser 1851, welches beinahe sämmtliche Brücken und Stege wegriss oder unpassirbar machte, war die Passage durch einige Tage freigegeben.

der untere Theil der Kettenbrückengasse eröffnet, so dass die kürzeste Verbindung mit der Wieden geschaffen war. Die Kettenbrücke — die erste in Wien — wurde am 28. September 1828 der Benützung übergeben und kostete 38.970 fl.

12. Magdalenabrücke, früher Magdalenensteg, auch Ratzenstadlsteg, bestand schon in älterer Zeit und wurde in den Sechzigerjahren ein neuer Steg mit Eisenconstruction hergestellt, der zur Noth auch befahren werden kann.

13. Pilgrambrücke, früher Stärkmachersteg. 1823 oder 1824 zuerst hergestellt. Am 16. Februar 1867 Eröffnung der heutigen Brücke. Kosten 90.457 fl. 56 kr. österr. W.

14. Reinprechtsbrücke, früher Hundsthurmersteg, Kugelsteg.

15. Nevillebrücke, früher Fahrkettenbrücke, obwohl nie eine Kettenbrücke an dieser Stelle bestand. 1819 zum ersten Male hergestellt mit Bohlenbögen, Kosten 35.608 fl. Im April 1854 die heute bestehende mit einem Kostenaufwande von 105.406 fl. erbaute Brücke eröffnet.

16. Schlachthausbrücke, früher Viehtriebbrücke. 1857 um 5165 fl. errichtet, 1873 etwas stromaufwärts neu hergestellt.

Ausser den Linien bestehen der Kobinger- und Storchensteg seit längerer Zeit, der Steg zwischen Endgasse in Sechshaus und Wiengasse in Gaudenzdorf wurde 1869 durch freiwillige Beiträge errichtet. Die Stiegerbrücke, ehemals eine Fuhrt, wurde am 2. Dezember 1868 dem Verkehr übergeben.

Die sogenannte „eiserne Brücke" in Meidling scheint zu Ende des vorigen Jahrhunderts, aber aus Holz hergestellt worden zu sein. 1827 fand sich eine Gesellschaft, die gegen Gestattung eines Brückenzolles den Bau führte. In den Sechzigerjahren fand eine Auswechslung der Construction mit Beibehalt der Pfeiler statt.

An wichtigeren Brücken wären nur noch die Schönbrunnerbrücke, Zahlkettenbrücke zwischen Hietzing und Penzing, die Brücke der Penzing-Hetzendorfer Verbindungsbahn (welche ein förmliches Wehr bildet und den Fluss gegen das rechte Ufer leitet), die Aerarial-Strassenbrücke in Weidlingau, die kaiserliche Brücke zum Auhof, dann die Aerarialbrücke in Purkersdorf, deren Grundbettung ebenfalls ein für das linke Ufer gefährliches Wehr bildete, zu erwähnen.

Die Kosten für sämmtliche heute bestehende Brücken in Wien (mit Ausnahme der Schikanederbrücke) und für die meisten früher bestandenen Brücken und Stege hat die Gemeinde Wien getragen.

Die Gründe, wesshalb wir die Brücken und Stege hier anführen, sind folgende:

1. Gehören sie zum vollständigen Bilde des Wienflusses.
2. Zeigt diese Zusammenstellung die nicht unbeträchtlichen

Summen, welche die Commune für diese Objekte ausgegeben hat und

3. beweist sie uns die günstige Lage, welche der Wienfluss zu unserem Verkehrsnetze einnimmt.

Wien hat vorzugsweise einen radialen Verkehr, der Wienfluss liegt von der Elisabethbrücke stromaufwärts ebenfalls radial zu Wien.

Wir finden im XV. Jahrhunderte nur die Kärntner-, Mondschein-, Stuben- und Erdbergerbrücke, also alle in radialer Richtung. Alle anderen Ueberbrückungs-Objecte wurden z u m e i s t i m j e t z i g e n J a h r h u n d e r t hergestellt. Je mehr daher der Fluss bei einer eventuellen Umlegung die radiale Richtung schneiden würde, d e s t o g r ö s s e r w i r d d i e Z a h l d e r e r f o r d e r l i c h e n B r ü c k e n.

II. Geologische Beschaffenheit des Wienflussbettes und seines Niederschlagsgebietes [1].

Entlang des Nordrandes der Alpen, aus der Schweiz, über Tirol, Südbaiern und Oesterreich bis in die Gegend von Wien zicht sich ein Saum sanftgewundener waldreicher Vorberge, welcher als die Sandstein- oder Flyschzone der Alpen bezeichnet wird.

Die südliche Grenze dieser Vorberge gegen die Kalkzone der Alpen verläuft nächst Wien vom Orte Mauer in südwestlicher Richtung gegen Klein-Zell, ihre östliche Grenze gegen das Wiener Tertiärbecken ist durch eine Linie Mauer, St. Veit, Nussdorf bezeichnet, bei welch' letzterem Orte der Kahlen- und Leopoldsberg den Zug bilden und am linken Ufer der Donau in dem isolirten Bisamberge ihre nordöstlichste Grenze finden.

(Ergänzend führen wir an, dass sich noch eine grössere Anzahl isolirter Sandsteinkuppen bis Niederkreuzstetten hinzieht, von einer Grenze im geologischen Sinne auch keine Rede sein kann.) Die Nordgrenze dieser Vorberge ist das Alluvial-Gebiet Tullnerfeld.

Es fällt sohin das gesammte Flussgebiet der Wien nebst Zuflüssen u. zw. vom Ursprunge bis zum Beginne des Tertiärbeckens in St. Veit — einige Klafter unter der Brücke der Verbindungsbahn Penzing-Hetzendorf — in das Gebiet der Wiener Sandsteinzone.

Die Richtung des Streichens ist im Allgemeinen eine nordwestliche und geht nur ausnahmsweise in eine nordost, südwestliche Richtung über. Die Schichten fallen im Wienthale vorzugsweise gegen Süden.

Vorwiegend ist in der Nähe von Wien das Gebirge aus Mergelkalk gebildet, welcher mit spröden thonischen Schiefern wechsellagert und zur Erzeugung von hydraulischen Kalk verwendet wird. Der Sandstein selbst spielt eine untergeordnete Rolle, enthält stets reichlich Glimmerblättchen eingesprengt, ist von blaugrauer bis grünlicher oder gelblicher, meist immer dunkler

---

[1] Benützt werden vorzüglich : Eduard Suess, der Boden der Stadt Wien 1862. Th. Fuchs, Erläuterungen zur geologischen Karte der Umgebung Wiens, Wien 1873, dann eigene Studien.

Färbung und von geringer Dauer, wenn er der Luft ausgesetzt ist. Seine Masse besteht der Hauptsache nach aus etwas zugerundeten Quarzkörnern, mit einem kalkig thonigen Bindemittel, zuweilen enthält er auch Kohlentheilchen, welche sich hie und da in grösserer Menge vorfinden, jedoch nie abbauwürdig werden.

Meist ist er mit unregelmässigen weissen Kalkspathadern durchzogen, diese erzeugte die kalkhaltige Gebirgsfeuchtigkeit, welche die durch Zusammenziehung im Sandsteine entstandenen Risse und Spalten mit dem Kalke ausgefüllt hat.

Wie schon erwähnt, ist der Wiener Sandstein nicht luftbeständig, das in ihm enthaltene Eisenoxidul verwandelt sich in Eisenoxid, der Stein wird röthlich oder bräunlich gelb [1], mürbe, es lösen sich konzentrische Schalen ab und schliesslich zerfällt er ganz zu Sand, welcher sich durch den thonigen Cement zu einer leichten, schlammigen Dammerde verbindet, die Sandkörner und Glimmerblättchen eingestreut enthält.

Diese Eigenschaften stehen auch der häufigeren Verwendung des Sandsteines zu Bauzwecken im Wege. Trotzdem wurde er eben nicht selten verwendet, sogar zum Baue der Stefanskirche in Wien [2], heute noch zu Pflastersteinen, als Strassenbeschotterungs-Materiale, zu Werk- und Bausteinen.

Die dem Flusslaufe näher befindlichen Steinbrüche sind :

Gablitz am Peilerstein: homogene Sandsteine.

Purkersdorf, Hadersdorf am Mühlberg und Mauerbach am Allerheiligenberg. Hütteldorf in der Ried Ramesbügl und im Rosenthal: Mauersteine.

Hadersdorf am Mühlberg: Pflastersteine etc.

Durch den Verwitterungsprocess, welchem der Wiener Sandstein unterliegt, ist die Form der Berge aus Wiener Sandstein bedingt, ebenso aber auch ihr üppiger Waldwuchs. Der Boden ist nämlich beinahe jedem Baume zusagend, ausgenommen natürlich jenem, der ausschliesslich auf Kalkgrund angewiesen ist. Vorwiegend finden sich Weiss- und Rothbuche, dann Steineiche, aber auch Tannen und Lärchen

Nachdem der Sandstein stets in Bänke getheilt ist, so nimmt er in seinen Schichtflächen nicht unbedeutende Mengen Wasser auf, welches unter günstigen Umständen als Quelle hervortritt, z. B. im Halterthale in Hütteldorf, in Hacking [3], am Laufe des deutschen Waldbaches.

Anderseits bildet aber der Sandstein auch, wo er der Luft ausgesetzt ist, eine beinahe wasserdichte Oberfläche, daher nicht

[1] K. v. Hauer, Ueber das Bindemittel der Wiener Sandsteine. Jahrbuch der k. k. geologischen Reichsanstalt. 1855. Bd. VI.
[2] Schlager, Skizzen I. 171, 233.
[3] Siehe S. 7 und 8, Anm.

nur Quellen selten entstehen, sondern dieselben auch wenig er-
giebig sind, leicht versiegen, die athmosphärischen Niederschläge
rasch in den Fluss ablaufen und dort Anschwellungen hervor-
bringen, überhaupt wird durch diese Umstände ein sehr schwan-
kender, sich in den Extremen bewegender Wasserstand in den
Flüssen der Sandsteinzone hervorgerufen.

Weil anderseits das Wasser den Boden schwer, daher langsam durchdringt, nimmt es mehr an mineralischen Stoffen auf
und daher ist das Wasser der Sandsteinzone hart.

Dieser Ursache ist auch der Umstand zuzuschreiben, dass
sich in den Röhren von Wasserleitungen aus den Sandsteinzonen
erheblich viel Kalksinterabsetzt, wodurch das Wasser weicher wird[1]).

Aus alledem geht hervor, dass die Gewalt der Regengüsse
zu schwächen, nur durch Erhaltung eines tüchtigen Waldreich-
thums möglich ist.

Laubdach und Humus nehmen einen grossen Theil des atmosphärischen Niederschlags auf, verbrauchen ihn theilweise und
geben durch die Verdunstung ab.

Den Eigenthümlichkeiten der Sandsteinzone ist es auch zu
danken, dass mit Ausnahme jener Punkte, die der Quellenbildung
günstig sind, die Gärten etc. auf den Abhängen der Berge wasser-
los sind; das Graben von Brunnen in dem Sandstein ist auch ein
sehr prekäres Mittel, da es nur in den seltensten Fällen gelingt,
eine wasserführende Spalte zwischen den Bänken des Berges
zu treffen.

Eines Umstandes haben wir noch zu gedenken, nämlich die
S c h o t t e r a n h ä u f u n g i m F l u s s b e t t e, sie beträgt
8 bis 9 Schuh und nimmt einen Theil des Wassers auf. Der sich
ferner im Flussbett vorfindende Alluvial-Sand wird als Bausand
verwendet.

Der Wienfluss im Wiener Tertiärbecken.

Letzteres beginnt einige Klafter unter der vorerwähnten
Verbindungsbahn-Brücke und lagert hier unmittelbar der Tegel
(von Hernals und Nussdorf) der sarmatischen Stufe an den Wiener
Sandstein und bildet den Untergrund des Flusses bis etwa unterhalb der Moritzgasse in Mariahilf, von da läuft die Wien bis etwas unterhalb der Elisabethbrücke im Congerien- (Inzersdorfer-)
Tegel. —

Der Untergrund der Schmelz wird ebenfalls durch solchen
Tegel gebildet, welcher sich rasch gegen den Fluss senkt. Auf
diesem Tegel lagern diluvialer Lehm und Schotter, der ungefähr
bis zur Sechshauser Hauptstrasse herabreicht, an diese Gebilde
lehnen sich die Alluvionen des Wienflusses.

Innerhalb der Linien ist die Lagerung eine ähnliche aber

---

[1]) Siehe V. Beschaffenheit des Wassers. S. 45.

statt des brackischen (Hernalser) Tegels erscheint der Congerien-
Tegel, und tritt noch der Belvedere-Schotter hinzu (auf der Maria-
hilferstrasse und in der Gegend um die Kollergerngasse).

Die Mollardgasse und die Gebäude zwischen ihr und dem
Wienflusse liegen beinahe durchaus auf Alluvial - Schotter des
Wienflusses.

Am rechten Ufer ist die Bildung eine ähnliche, nur tritt
hier allein Congerien-Tegel auf.

An manchen Orten findet sich der Diluvial-Schotter ver-
mischt mit Tertiär-Schotter, es ist letzterer — zuerst gebildeter —
in den Diluvial-Schotter hinabgerutscht.

Aus der aufmerksamen Beobachtung dieser Lagerungen,
welche wir hier nicht im Detail geben können, ergibt sich
Folgendes :

Nachdem während der Tertiärzeit eine allgemeine kontinen-
tale Erhebung stattgefunden hatte, und das Land trocken gelegt
wurde, ist in der Lage der heutigen Wien ein Fluss vorhanden
gewesen, welcher die Tertiärschichten durchfloss und sich in ihnen
so vertiefte, wie dies der heutige Wienfluss bezüglich der Diluvial-
Schichten gethan hat.

Ganz ähnliche Erscheinungen bemerken wir an der Donau,
an welcher auch ein unterirdischer Steilrand vorhanden ist, der
auf die Eigenschaften unserer Brunnenwässer einen wesentlichen
Einfluss ausübt. Dieser unterirdische Steilrand, aus Tegel beste-
hend, kreuzt das Wienthal vor der Heumarkt-Kaserne, und von
diesem Steilrande aus fliesst der Wienfluss n i c h t mehr im Tegel
sondern in Diluvial-Gebilden.

Aus dieser eben geschilderten geologischen Formation geht
hervor, dass der Wienfluss im Tertiärbecken bis unter die Elisabethbrücke beinahe nirgends ein Infiltrationsgebiet hat, da er im
wasserdichten Tegel fliesst. An einer oder zwei Stellen nur, wo
der Tegel unter sein gewöhnliches Niveau herabsinkt, sickert
wohl einen grossen Theil des Jahres hindurch das Wasser des
Flüsschens gegen die Vorstad Wieden ein. Bei Hochwässern
natürlich hat er ein nicht unbeträchtliches Einsickerungsgebiet,
aber Hochwässer halten bekanntlich nur kurze Zeit an. Wenigstens ist bei keinem Brunnen auf der Wieden eine Speisung aus
dem Wienflusse nachgewiesen, sondern es scheinen alle, die nicht
Wasser aus tieferen Schichten beziehen, vom Grundwasser gespeist
zu sein.

Unterhalb der Elisabethbrücke gibt die Wien jedenfalls
Wasser an die Ufer ab. Nach einer Mittheilung der Wasserversorgungs-Commission [1]) scheint aber selbst diese Einsickerung in
gewissen Jahreszeiten sehr gering zu sein, und muss, da sich der

[1]) Bericht über die Erhebungen der Wasserversorgungs - Commission
des Gemeinderathes der Stadt Wien. Wien 1864. S. 197.

Wienfluss hier über der Infiltrationsfläche der Donau befindet, eine lokale Erhöhung über den gewöhnlichen Wasserstand eintreten.

Im Hause Nr. 38, Wollzeile, ist z. B. bei hohem Wasserstande der Wien und der Donau der Keller durch aufsteigendes Wasser überschwemmt. Im Hauptmauth-Gebäude wurde Wasser über dem Niveau der Donau erreicht und zwar filtrirtes Wien-Wasser.

So interessant es nun noch wäre, auf die artesischen, Bohr- oder Tegel-Brunnen einzugehen, so sehen wir von diesem Gegenstande, als mit dem Wienflusse selbst nicht in unmittelbarer Verbindung, ab.

III. Topographie.

Dieser Fluss entspringt im Wiener Walde circa 4 Meilen westlich von Wien, und zwar: unweit des Ortes Rekawinkel (Gerichtsbezirk Purkersdorf, am Fusse des Kaiserbrunn-Berges, 1835 Fuss über dem adriatischen Meere, im sogenannten Jochgraben des k. k. Rekawinkler-Forstes), und führt dort den Namen dürre (träge) Wien.

Nach kurzem Laufe von etwa 2300° = 4360 meter vereiniget er sich zunächst der Ortschaft Pressbaum mit dem (vom Fusse des Licht-Eiche und Hengstel-Berges — 1962 Fuss hoch — südlich von Pressbaum kommenden, circa 3000° = 5690 meter langen, bedeutend grösseren und viele namenlose Bäche aufnehmenden) Pfalzauer Bache oder der grossen (grotten) Wien[1]), von welchem Punkte an er nur noch den Namen „Wienfluss" hat.[2])

In seinem weiteren Laufe durchzieht er das ziemlich enge, aber hübsche und mit schönen Bauholz-Wa'dungen begränzte Wienthal, nimmt in demselben viele grössere und kleinere Bäche auf und mündet dann, nachdem er bei Hütteldorf das breitere Thal erreicht, sowie die Vororte Wiens und das Stadtgebiet selbst durchläuft, zwischen der inneren Stadt und dem Bezirk Landstrasse in einen Arm der Donau (den sogenannten Donaukanal) 480 Wr.-Fuss = 151·568 meter über dem adriatischen Meere.

Die Wien ist einer jener Gebirgsflüsse, welche gewöhnlich nur wenig Wasser führen, bei heftigen und anhaltenden Regengüssen aber zum wilden, reissenden Strome anwachsen. — Sie empfängt ihr Wasser aus 124 Quellen und führt dasselbe nebst den sonstigen Niederschlägen von den inneren Thälern des Wiener Waldes der Donau zu; jedoch hat sie weder stetiges Wasser noch periodisch wiederkehrende Anschwellungen, wie etwa regelmässige Frühjahrs- und Sommer-Hochwässer. — Ihre Quellen, welche nicht im Hochgebirge, sondern im Mittelgebirge entspringen, sind aber sogenannte Hungerquellen und versiegen daher zu Zeiten grosser

---

[1]) dier = träge, langsam. — rott, gerott, grott = schnell, reissend.
[2]) Siehe über den Ursprung. Georg Mathias Vischer, topographische Karte, Wien 1670. — F. W. Weisskern, Topographie von Niederösterreich, Wien 1768. II., S. 291. — N. ö. Handels- und Gewerbekammer, statistisch-topogr. Bericht, I. Band, Wien 1857, S, 264, 467:

Trockenheit mehr oder weniger, wo sodann aus denselben nur ein spärlicher Wasserzufluss stattfindet.

Die Länge des Flusslaufes beträgt vom Ursprunge bis zur Einmündung in den Donaukanal 4·15 Meilen = 31·5 Kil· meter, die Grösse des Niederschlagsgebietes nahe 4 Quadrat-Meilen = 230 Quadrat-Kilometer [1]).

Die bedeutenderen Nebenbäche der Wien sind:

L i n k s :

1. Der Weidlingbach, Mündung nächst Pressbaum, lang nahe 1800° = 3414 meter;
2. der kleine Tullnbach, Mündung beim Neuwirthshause . . . . . . „ „ 3300° — 6260 „
3. der Gablitzbach, Mündung bei Purkersdorf . „ „ 4300° = 8155 „
4. der Mauerbach, Mündung bei Mariabrunn . „ „ 5500° = 10430 „
5. der Halterbach, Mündung bei Hütteldorf . „ „ 2800° = 5310 „

R e c h t s :

1. Der obgenannte Pfalzauerbach . . . . . lang nahe 3000° = 5690 meter;
2. der Wolfsgrabenbach, . Mündung unterhalb der Enge bei Taferl . . . „ „ 3300° = 6260 „
3. der deutsche Waldbach, Mündung oberhalb Purkersdorf . . . . . „ „ 2000° = 3793 „
4. der Rothwasserbach im k. k. Thiergarten, Mündung beim Auhofe . . „ „ 3000° = 5690 „
5. der Lainzerbach, Mündung bei Hietzing . . „ „ 4000° = 7586 „

Weiters entnehmen wir aus einer hydrologischen Studie des k. k. Hauptmanns Guggenberger über das Wassergebiet des Wienflusses[2]) ebenfalls, dass die Wien bei einer Wasseransammlungsfläche von etwa 3³/₄ Meilen = 216 Quadrat-Kilometer vom Ursprunge bis zur Mündung in den Donaukanal eine Länge von nahe 4¹/₂ Meilen = 34·14 Kilometer nnd ein Gesammtgefälle von 1482 Fuss = 468 meter (nämlich von der Spitze des Hengstel-Berges gerechnet hat; dass ferner ⁸/₅ des Laufes im Gebirge, ¹/₅ im offenen Flus-thale und ¹/₅ im Stadtgebiete Wien liegen.

---

[1]) Topographie von Niederösterreich, herausgegeben vom Vereine für Landeskunde, Wien 1871, Seite 38 und 39.

[2]) Mittheilungen der k. k. geographischen Gesellschaft, Wien 1858, Seite 50.

3*

Bei Regenmengen von 4—5 Pariser-Linien = 0·009 bis
0·011 meter sättigen sich die hie und da allerdings 4—5 Fuss
= 1·264—1·580 Meter (und noch mehr) mächtigen, sehr ausgedehnten Geröllbänke, und erst bei 6—10 Pariser-Linien = 0·013
bis 0·022 meter Niederschlag tritt ein rascherer Lauf des Flusses
ein, der sich aber bei Abnahme des Regens bald wieder er-
mässiget.

So war z B am 10. Oktober 1857 eine Regenmenge von
5·58 Pariser-Linien = 0·013 meter gefallen, die Wien regte sich
aber noch nicht; am 11. Oktober fielen 9·36 Pariser-Linien =
0·021 meter Regen, die Wien stieg um 1—1'½ Fuss = 0·316
bis 0·474 meter; am 12. Oktober betrug die Regenmenge 4·74
Pariser-Linien = 0·011 meter und die Wien fiel bereits wieder ab.

Bei 30 Pariser-Linien = 0·066 meter Wassersturz in
einem Tage (17. Mai 1851) entstand die letzte grosse Ueberschwemmung.[1])

So viel (30 Par. Linien) soll auch der angesammelte Schnee
am Ende eines normalen Winters betragen.

Nach wiederholt vorgenommenen genauen Abmessungen auf
der grossen Generalstabskarte von der Umgebung Wiens, im
Massstabe von 1 Zoll = 200 Klafter, wurde gefunden, dass das
Gebiet des Wienflusses im Ganzen nahe 62,500.000 Quadrat-
Klafter oder 3906 Quadrat-Meilen = 224·8 Quadrat-Kilometer
beträgt, und dass nach Ausscheidung des auf die Stadt Wien
entfallenden Theiles per 2,500.000 Quadrat-Klafter = 9·0 Quadrat-Kilometer für das übrige Gebiet sehr nahe noch 60,000.000
Quadrat-Klafter oder 3³/₄ Meilen = 205·8 Quadrat-Kilometer
verbleiben.

(Hiebei ist der Ottakringer Bach, der früher zum Wien
fluss-Gebiete gehörte, nun aber seine Wässer in den Hauptunraths-
Canal abführt, nicht einbezogen.)

Diese Resultate stimmen demnach mit den obigen Angaben
sehr nahe überein, daher die Berechnung des Ingenieurs d'Avigdor,
welcher in seiner Broschüre „Der Wienfluss und die Wohnungsnoth" das Wienfluss-Gebiet mit nur 29,090.000 Quadrat-Klafter
= 104·3 Quadrat-Kilometer beziffert, auf einem Irrthume beruhen muss.

Von dem gesammten Flussgebiete der Wien entfallen auf
die Gebiete der einzelnen grösseren Bäche, und zwar:

1. Auf den oberen Theil
   der Wien, nämlich auf
   alle Bäche zwischen
   Rekawinkel und Maria-
   brunn, mit Ausschluss
   des Gablitz-Baches in
   runden Zahlen . . . 23,000.000 ☐° = 82·72 ☐-Kilom.

---

[1]) Guggenberger a. a. O. S. 52.

2. auf das Gebiet des
Gablitz-Baches . . .   6,500.000 □° = 23·38 □-Kilom.
3. auf das Gebiet des
Mauerbaches . . . 10,800.000 □° = 38·84 □-Kilom.
4. auf das Gebiet des
Halterbaches . . .   2,600.000 □° = 9·35 □-Kilom.
5. auf das Gebiet des
k. k. Thiergartens .   3,700.000 □° = 13·31 □-Kilom
6. auf das Gebiet der
unteren Wien, nämlich
von Mariabrunn bis
zu den Linienwällen
Wiens . . . . . 13,400.000 □° = 48·20 □-Kilom.

      Summa 60,000.000 □° = 215·80 □-Kilom.
endlich
7. auf das Gebiet in
der Stadt Wien . .   2,500.000 □° = 9·00 □-Kilom

    Zusammen 62,500.000 □° = 224·80 □-Kilom.

Diese Gebiete wurden aus dem Grunde einzeln bemessen um später die Wasserzuflüsse aus denselben nach den verschiedenen Niederschlagsmengen annähernd berechnen zu können

Das letzte Gebiet (ad 7) wird aber bei den folgenden Erörterungen darum stets unberücksichtiget bleiben, weil die Niederschläge in demselben nicht mehr in den Wienfluss gelangen, sondern in die bestehenden Unrathscanäle ablaufen, (was wohl theilweise auch schon in dem Gebiete ad 6 der Fall ist) und nur bei sehr heftigem Regen ein Ueberfliessen aus den zu engen Unrathscanälen, durch die bestehenden Ueberfallscanäle in den Wienfluss stattfindet.

IV. Niederschlags-Mengen im Wienfluss-Gebiete und Menge des in dem Flusse ablaufenden Wassers.

Um die Niederschlags-Menge mit thunlichster Genauigkeit und Sicherheit berechnen zu können, wurden die nöthigen Daten bei der k. k. Central-Anstalt für Meteorologie und Erdmagnetismus erhoben und von dieser auch mit vollster Bereitwilligkeit mitgetheilt.

Nach denselben ergibt sich aus einer Beobachtungs-Periode von 20 Jahren, nämlich vom Jahre 1853 bis inclusive 1872 die jährliche Regenmenge in Wien u. zw.:

im Maximum (1870) mit 725·· = 27" — 6''' Wiener Mass.
im Minimum (1858) „ 422·· = 16" — 0''' „ „
im Durchschnitte „ 571·5·· = 2' — 7½''' „ „

und per Tag, d. i. in 24 Stunden:

im Maximum (1864) mit 68·8·· = 2" — 7½''' Wiener Mass
im Minimum (1858) „ 22·7·· = 0" — 10''' „ „
im Durchschnitte „ 39·8·· = 1" — 6''' „ „

Hiemit stimmen auch andere Daten überein, die bis zum Jahre 1841 zurückgreifen, in welchem Jahre die Messung der Regenmenge in Wien erst begonnen wurde.

Aus diesen Daten, sowie aus weiteren Angaben von Fritsch [1] st aber ersichtlich, dass die bisher in Wien beobachteten grössten täglichen Niederschläge im Jahre 1851 stattfanden u. z. am 17. Mai [2] mit 31·84 Pariser Linien = 71·82·· = 2" — 9''' Wiener Mass. Am 18. Mai 1851 waren die Niederschläge 11·80 P. L. = 27·· und diese Regenmengen verursachten am 18. Mai 1851 früh, im Wienflusse eine Wasserfluth von 14 Fuss = 4·425 meter Höhe und darüber in deren Folge fast alle Brücken über denselben weggerissen worden sind. Die uns vorliegenden Längen- und Querprofile über dieses Hochwasser bestätigen die hier angegebene Höhe desselben, ja es sind sogar an mehreren Stellen Höhen mit 16 und 17 Fuss = 5·057 und 5·373 meter kotirt.

---

[1] Zeitschrift der österreichischen Gesellschaft für Meteorologie 1866. I. Band, Seite 153.
[2] Der von Fritsch angegebene 16. Mai basirt, wie wir uns durch Einsichtnahme der Original-Aufzeichnungen überzeugten, auf einem Druckfehler.

Die Beobachtung und Messung der Regenmenge wurde damals noch auf der Terasse der k. k. Sternwarte gemacht und äussert sich Fritsch in oben erwähnter Zeitschrift dahin, dass die Niederschläge am 17. Mai 1851 auf freiem Boden wahrscheinlich 3 Zoll = 79ᵐᵐ, über dem Waldgebirge im Gebiete des Wienflusses vielleicht 4 Zoll = 105ᵐᵐ erreicht haben dürften.

Es wäre demnach auch jene Angabe des Ingenieurs d'Avigdor in seiner Broschüre zu berichtigen, wo er sagt, dass die Niederschläge per Tag (oder Nacht = 12 Stunden) beinahe nie einen Zoll = 26ᵐᵐ überschritten haben.

Weiters wurden in Wien noch folgende grösste Niederschläge per Stunde beobachtet u. z.:

Am 10. Juni 1853 mit 7·90 P. L. = 17 8ᵐᵐ
„ 23. „ „ „ 9·94 „ „ = 22·4ᵐᵐ
„ 19. „ 1854 „ 9·50 „ „ = 21·4ᵐᵐ
„ 10. „ 1855 „ 8 20 „ „ = 18·5ᵐᵐ
„ 3. Mai 1860 „ 11·50 „ „ = 25·9ᵐᵐ
„ 18. Juli 1870 „ 7·90 „ „ = 17·8ᵐᵐ.

Aus dem Wienfluss-Gebiete selbst existiren aber von früheren Zeiten keine eigenen verlässlichen Beobachtungen über die dort gefallenen Regenmengen und werden solche Messungen erst seit zwei Jahren, jedoch nur in den Sommer- und Herbstmonaten in der k. k. Forst-Akademie zu Mariabrunn vorgenommen, können also noch nicht massgebend sein. Gewöhnlich nimmt man aber nach Fritsch's Schätzung an, dass die Niederschläge im Wiener Walde durchschnittlich um ein Fünftel grösser sind als in Wien selbst, obwohl auch manchmal wieder das Umgekehrte stattfinden kann. So betrugen z. B die Niederschläge am 18. August 1872 binnen 24 Stunden in Wien, respective auf der hohen Warte beobachtet, 10·86 P. L. = 24 5ᵐᵐ, während selte in Mariabrunn 34·68 P. L. = 78·0ᵐᵐ betrugen.

Dagegen sind im Jahre 1871 u. z. in den Monaten August. October und November zu Mariabrunn wieder viel geringere Niederschläge als auf der Hohen Warte beobachtet worden.

Zur weiteren Nachweisung der Niederschlags-Mengen im Wienfluss - Gebiete sei noch erwähnt, dass der k. k. Oberst v. Sonnklar die gesammten jährlichen Niederschläge in Niederösterreich, d. i. auf 361 5 geographische = 345·9 österreichische Quadratmeilen = 199·5 Quadrat-Kilometer im Durchschnitte mit 347.030,400.000 Pariser Cub.-Fuss = 376.608,800.000 Wiener Cub.-Fuss = 11.892,800.000 Cub. meter berechnete.

Dies würde auf die 3⁵/₇ österreichischen Quadratmeilen = 216 Quadrat-Kilometer des Wienfluss-Gebietes repartirt nahe 4082,900.000 Wiener Cub.-Fuss = 128,933.000 Cub. meter Wasser betragen.

Nach der vorangeführten mittleren Niederschlagsmenge von 571 5ᵐᵐ = 21″ — 8″' Wiener Mass per Jahr, würden sich hingegen diese Niederschläge für das Wienfluss-Gebiet mit 3,900,000.000 Cub.-Fuss = 123,157.000 Cub. meter berechnen, daher diese Resultate so ziemlich übereinstimmen.

Als Grundlage für die nachfolgenden Berechnungen sind sonach die vorerwähnten Daten der k. k. meteorologischen Central-Anstalt angenommen worden, da nur diese auf ganz sicheren Beobachtungen beruhen.

Die Niederschläge fallen selten gleichmässig zur Erde, sondern in mehr oder weniger variablen Mengen und bringen daher auch sehr verschiedene Wirkungen und Anschwellungen der Bäche und Flüsse hervor. Ferner fliesst nach den gemachten Beobachtungen und Erhebungen von den gesammten Niederschlägen nicht das ganze Wasser in die Bäche und Flüsse ab, sondern nach Hagen ungefähr der dritte Theil. Das übrige Wasser versickert theils in den Boden, theils verdunstet es oder wird durch verschiedene andere Ursachen (in Gräben, auf Anpflanzungen etc.) zurückgehalten.

Kleinere Flüsse und Bäche, besonders in ihren festen Gebirgen können aber das Regenwasser viel vollständiger aufnehmen und abführen, als grössere Flüsse im flachen Lande.

Die Wien ist nun ein Gebirgsfluss, der sich zumeist in engen Thälern bewegt, in welche die Berglehnen stark abfallen und wo auch das Grundgebirge wenig durchlässig ist. Es wird daher bei eintretenden sehr starken Niederschlägen, wo folgerichtig auch nicht so viel Wasser als sonst versickern oder verdunsten kann, wahrscheinlich viel mehr als der dritte Theil desselben in die Wien abfliessen, dagegen bei kleineren jährlichen Niederschlägen dieser dritte Theil kaum erreicht werden, indem die Wälder des Wienfluss-Gebietes die geringeren Niederschläge viel mehr zurückhalten. Diess wird durch die Erfahrung auch bestätigt.

Wir wollen sonach annehmen, dass bei den Maximal-Niederschlägen die Hälfte derselben in den Wienfluss abläuft, bei den Minimal-Niederschlägen aber durchschnittlich nur der vierte Theil. Da nun die Grösse des Wienfluss-Gebietes ausser der Stadt Wien sehr nahe 60,000.000 Quadratklafter = 216 Quadrat-Kilometer misst, so ergibt sich das am 18. Mai 1851 in die Wien abgelaufene Wasserquantum, unter der Voraussetzung, dass es überall gleich stark geregnet hat, bei obiger Annahme mit 60,000.000 Quadratklaftern =

$$\frac{2160,000.000 \,\square' \times 2\cdot75''}{2 \times 12} = 247,500.000 \text{ Cub. - Fuss}$$

7,816.000 Cub. meter oder per Stunde durchschnittlich mit 10,312.000 Cub.-Fuss = 325,640 Cub. meter, welches Quantum aber nach den Angaben von Fritsch bezüglich der grösseren Niederschläge im Wiener Walde (4" am 17. Mai 1851) noch bedeutend, nämlich selbst bis zur Hälfte, grösser gewesen sein kann und wie der Stand des damaligen Hochwassers zeigt, wahrscheinlich auch gewesen ist.

Uebrigens herrscht in diesen Abflüssen, wie schon gesagt, keine Gleichmässigkeit, namentlich bei Gebirgsflüssen, die wie der Wienfluss einen verhältnissmässig kurzen Lauf haben.

Von diesen Wassermassen würden auf die Gebiete der einzelnen Hauptbäche (überall gleich grosse Niederschläge vorausgesetzt) entfallen u. z.:

Auf das Gebiet ad 1 rund 94,800.000 C.-F. = 2,994.000 C. meter

„	„	„	„ 2	„	26,800.000	„	=	846.000	„
„	„	„	„ 3	„	44,500.000	„	=	1,405.000	„
„	„	„	„ 4	„	10,700.000	„	=	338.000	„
„	„	„	„ 5	„	15,300.000	„	=	483.000	„
„	„	„	„ 6	„	55,400.000	„	=	1,750.000	„

Summa 247,500.000 „ = 7,816.000 „

Lässt man aber von dem Gebiete ad 6 jenen Theil per circa 10,000.000 Quadratklafter = 35,966.520 Quadratmeter weg, welcher abwärts von Ober-St.-Veit liegt, so würde man für das restliche Gebiet statt vorstehendem Quantum per 55,400.000 Cub. Fuss nur 14,150.000 Cub.-Fuss = 447.000 Cub. meter erhalten und in Summa 206,250.000 Cub.-Fuss = 6,513.000 Cub. meter.

Geben wir nun auf die Minimal-Niederschläge über, so kann, um das per Tag ablaufende Durchschnittsquantum an Wasser zu finden, wohl nur der kleinste bisher beobachtete jährliche Niederschlag auf den Durchschnitt eines Tages berechnet, zur Grundlage genommen werden, denn der allergeringste tägliche Niederschlag wäre in Wirklichkeit = 0.

Das Minimum der jährlichen Niederschläge ist nun im Jahre 1858 beobachtet worden u. z. mit 422''' = 16 Wiener Zoll, daher ergäbe diess für die oben erwähnten 60,000.000 Quadratklafter = 216 Quadrat-Kilometer des Wienfluss-Gebietes per Tag unter der Annahme, dass nur ein Viertel davon in den Fluss abläuft $\frac{2160,000.000 \; \square' \; \times \; 16''}{4 \times 12 \times 365} = 1,972.000$ Cub.-Fuss oder nahe 62.270 Cub. meter.

Auf das Gebiet ad 1 rund 756.000 Cub.-Fuss = 23.872 Cub. meter

„	„	„	„ 2	„	214.000	„	„	6.758	„
„	„	„	„ 3	„	355.000	„	„	11.210	„
„	„	„	„ 4	„	85.000	„	„	2.684	„
„	„	„	„ 5	„	121.000	„	„	3.820	„
„	„	„	„ 6	„	441.000	„	„	13.926	„

Summa 1,972.000 Cub.-Fuss = 62.270 Cub. meter.

und lässt man wieder von dem Gebiete ad 6 den abwärts von
Ober-St.-Veit liegenden Theil per circa 10,000.000 Quadratklafter = 35·966.520 Quadratmeter weg, so würden sich statt vorstehendem Quantum für den Rest nur 119.000 Cub.-Fuss
= 3.758 Cub. meter und in Summa dann 1,650.000 Cub.-Fuss
= 52.100 Cub. meter ergeben.

Alle diese Zahlen wären aber wegen der um circa ein Fünftel
grösseren Niederschläge im Wiener-Walde noch entsprechend zu
vermehren.

Die im Vorstehenden nachgewiesenen Minimal-Wasser-Quan-
titäten, welche aus den Niederschlägen des ganzen Jahres durchs-
schnittlich auf einen Tag berechnet sind, werden aber zu Zeiten
grosser Trockenheit keineswegs abfliessen, sondern es wird da
der Abfluss in Wirklichkeit ein viel geringerer sein, weil in diesem
Falle die Quellen theilweise versiegen und sich die Verdunstung
und Versickerung des Wassers noch bedeutend vergrössert.

Zur Constatirung der wirklichen durchschnittlichen, gerin-
sten Abflussmenge könnten aber nur wiederholte factische Messungen derselben im Flusse, u. z. in der trockenen Jahreszeit,
einigermassen richtige Anhaltspunkte geben.

Im September 1861, in welchem Jahre es durch fünf
Sommermonate sehr selten und da nur spärlich geregnet hat, wurden
zwei solche Messungen vorgenommen [1]. Die erste Messung geschah
zwischen Mariabrunn und Purkersdorf im Flusse selbst, also in
einer Strecke, wo nur die Wässer aus unseren zwei ersten vorerwähnten Gebieten abfliessen, für welche sich das berechnete Mi-
nimal-Durchschnitts-Quantum von 970.000 Cubik Fuss = 30.63
Cubik-Meter ergibt. Es wurde in dem schmalen Flusgerinne eine
Vertegelung und in dieser ein Ueberfallpfosten hergestellt und
mit einem 2" 6" = 0·79 meter breiten Einschnitte versehen.

Jedoch wurde durch diese Vorrichtung jedenfalls nicht alles
Wasser erhalten, da das in den Schotterbänken unter und neben der
Vertegelung abfliessende Wasser nicht mitgemessen wurde, wie
schon aus dem Passus zu entnehmen ist:

„Die Schwellung des Wassers betrug bis zum Einschnitte
6" (= 0·158 meter), damit nicht zu viel Wasser in
dem Schottergrunde des Flusses verloren gehe,
das überfallende Wasser hatte eine Höhe von nicht mehr als 3"
3"' (verglichenes Mass aus mehreren Messungen)"; und auch daraus
hervorgeht, dass noch eigene Bohrungen vorgenommen wurden,
um die Tiefe der Schotterbänke ebendort zu eruiren. Die binnen
24 Stunden abgeflossene Wassermenge berechnete sich nach der
bekannten Formel m = nbh $\sqrt{2 gh}$ mit 105.784 Cubik-Fuss =
59.030 Eimer = 3340 Cub. meter.

Die zweite Messung fand in dem Mühlgerinne nächst dem Wehre

---

[1] Wasserversorgung der Stadt Wien. Wien 1862. II. 19.

in Mariabrunn statt, wo also auch schon die Wässer aus unserem dritten Gebiete dazukommen, sonach das Minimal-Quantum mit 1,325.000 Cub.-Fuss = 41.840 Cub. meter vorne angeführt ist. — Die wirkliche Messung ergab nur ein Quantum von 93.912 Cub.-Fuss = 52.406 Eimer = 2966 Kub. meter, wobei aber bemerkt werden muss, dass im Mühlgerinne nur jenes Wasser abfloss, welches von dem, quer über dem Wienfluss oder dem Wehre gezogenen hölzernen Wasserfangschlauch (16" breit, 19" hoch), aufgefangen wurde; dass das Wehr nicht wasserdicht war, sowie auch der Schotter Wasser ausser dem Gerinne abführte.

Die Resultate geben demnach nicht das Minimum, sondern eine viel kleinere Zahl, kaum das Minimum des zu Tage abfliessenden Wassers.

Was nun die Verdunstung anbelangt, so hängt diese von verschiedenen Umständen ab, wie z. B. von der Menge der geallenen Niederschläge, der Temperatur und Feuchtigkeit der Luft, der Tiefe des Wassers, Stärke des Windes etc., jedoch stimmen die Beobachtungsresultate hierüber so ziemlich überein.

Hagen gibt die Verdunstung bei stehenden Gewässern in unserem Klima für die Monate Mai bis inklusive Juli durchschnittlich mit 2 Linien Höhe per Tag an, für die übrigen Monate aber nur mit circa der Hälfte.

In dem Werke über den Rhein-Niers-Kanal ist Seite 65 bemerkt, dass die Verdunstung des Wassers selbst in den heissesten Sommermonaten nicht über 2 Linien beträgt. — Ferner wurde aus Beobachtungen, welche durch 3 Jahre, nämlich vom 1. Juni 1863 bis letzten Mai 1866 in Ofen gemacht wurden [1], entnommen, dass die Verdunstung stehender Gewässer in den 6 Monaten von Oktober bis inklusive März durchschnittlich 0·82 Linien Wasserhöhe per Tag beträgt, dass selbe aber in den 6 wärmeren Monaten vom April bis inklusive September durchschnittlich 3·17''', also fast das Vierfache der ersteren ergibt. — In fliessenden Wässern wird selbe wohl geringer sein.

Nimmt man nun die Breite sämmtlicher Wasserläufe des Wienflusses und aller Nebenbäche, Mühlbäche, Teiche etc. nach einer beiläufigen Schätzung mit 240.000 Quadrat-Klafter an, und die Höhe der Verdunstung nur mit 1 Linie, so ergäbe diess ein Wasserquantum von 60.000 Kubik-Fuss, welches verdunstet, und zur Sommerszeit auch mehr als das doppelte Quantum erreichen kann.

Hinsichtlich der Versickerung und Verseichung des Wassers ist es sehr schwer, auch nur näherungsweise Daten anführen zu können, da sich dieses Wasserquantum eben nicht messen lässt, und darauf die verschiedensten Ursachen Einfluss nehmen. Da

[1] Zeitschrift der österreichischen Gesellschaft für Meteorologie 1866. Seite 177.

aber die Schottermassen, welche die Wien überall dort, wo sie in
ein breiteres Thal eintritt, abgelagert hat, sehr bedeutend sind,
und selbst schon bis zu 8 Fuss Höhe abgegraben wurden*); ferner
diese Schottermassen sich über die Breite der Thäler weit erstrecken, so kann schon daraus geschlossen werden, dass die
Versickerung und Verseichung des Wassers eine sehr grosse sein
wird. Nebstdem wird auch in die Spaltung des Grundgebirges
Wasser versickern, wenn auch vielleicht nicht in bedeutenderen
Quantitäten.

In dem Werke über den Rhein-Niers-Canal ist erwähnt,
dass der Verlust durch Versickerung und Filtration bei neu angelegten Canälen per Tag eine Senkung des Wasserspiegels von
$\frac{1}{2}$ Zoll ausmachen soll.

Bei der Wien kann diess in ihrem jetzigen Zustande noch
viel mehr betragen, (obwohl ein Vergleich zwischen diesem Flusse
und einem Canale nicht zutreffend ist), aber es lässt sich, wie
gesagt, eine Ziffer hiefür nicht angeben; — jedoch darf als sicher
angenommen werden, dass sich die Versickerung und Verseichung
des Wassers durch die Regulirung des Flusses, sowie durch Herstellung fester Ufer bedeutend vermindern wird.

---

*) Die Wasserversorgung der Stadt Wien, 1862. II, Seite 20.

V. Die Beschaffenheit des Wassers.

Das k. k. Ministerium des Innern hat zum Zwecke der Untersuchung des Wassers in Wien eine Commission von Fachmännern zusammengesetzt und die erbrachten Resultate veröffentlicht [1].

Wir entnehmen daraus jene Daten, die sich auf den Wienfluss beziehen.

Zum Verständniss der nachfolgenden Tabellen schicken wir die Erklärung der Ausdrücke: Gesammthärte und Permanenthärte voraus.

Ein Kalkgehalt von $\dfrac{1}{100.000}$ des Gewichtes des Wassers ist zur Masseinheit angenommen und der dieser Einheit entsprechende Härtegrad mit 1 bezeichnet. Ein Wasser mit 18° Härte enthält also $\dfrac{18}{100.000}$ seines Gewichtes Kalk oder in 1 Mass = $2\frac{1}{2}$ Pfund Wassers kommen $\dfrac{2\frac{1}{2} \times 18}{100.000}$ Pfund oder nahe $3\frac{1}{2}$ Gran Kalk vor, oder eine solche Menge von anderen hartmachenden Salzen welche der Wirkung nach $3\frac{1}{2}$ Gran Kalk gleich ist.

Die Härte, welche Wasser im natürlichen Zustande gleich nach dem Schöpfen zeigt, heisst seine Gesammthärte. Wird hartes Wasser bis zum Kochen erhitzt und einige Zeit dabei erhalten, so setzt sich ein Theil seiner hartmachenden Stoffe ab und die Härte wird geringer.

Durch anhaltendes Kochen erreicht man einen Härtegrad, der sich nicht mehr weiter in der Siedhitze vermindert. In diesem Zustande hat das Wasser seine permanente Härte erhalten [2].

Wasser bis zu einer Härte von 18° wird als vollkommen geeignet zum Trinken betrachtet, von 18—20° noch als nothdürftig zulässig und mit einer Härte von über 20° als bedenklich.

---

[1] Das Wasser in und um Wien, rücksichtlich seiner Eignung zum Trinken und zu anderen häuslichen Zwecken. Wien 1860.
[2] Zur Erhaltung der folgenden Zahlen für die permanente Härte wurde nur 5 Minuten gekocht.

Ort und Zeit des Schöpfens.	Härte	Gelöste Substanzen in 10.000 Gewichtstheilen				Ammonial in 10 Millionen Gewichtstheilen
Donaukanal.						
Bei Nussdorf am 16. December 1858	.	.	.	.	.	0·85
„ „ „ 31. Jänner 1859	7·45	6·15	2·28	2·08	0·200	.
„ „ „ 26. März 1859	7·30	6·10	2·04	1·86	0·200	.
„ „ „ 12. August 1859	6·05	4·25	1·662	1·412	0·250	.
Unterhalb der Einmündung des Alserbaches am 16. December 1858	.	.	.	.	.	1·58
„ „ 31. Jänner 1859	8·33	4·07	2·50	2·26	0·240	1·34
„ „ 26. März 1859	7·48	4·47	1·90	1·53	0·370	.
Unterhalb der Einmündung des Wienflusses am 16. December 1858	.	.	.	.	.	8·66
„ „ 15. Jänner 1859	.	.	.	.	.	21·30
„ „ 31. Jänner 1859	7·81	4·30	1·71	.	.	5·40
„ „ 26. März 1859	7·68	4·11	1·59	1·33	0·26	4·42
Wienfluss.						
Purkersdorf am 19. December 1858	.	.	.	.	.	0·00
„ „ 23. Februar 1859	10·25	5·20	2·4	2·2	0·2	1·78
Schönbrunn am 19. December 1858	.	.	.	.	.	9·35
„ „ 23. Februar 1859	.	.	4·30	3·32	0·98	12·92
Landstrassenbrücke am 19. Dec. 1858	.	.	.	.	.	35·27
„ „ 23. Feb. 1859	14·1	4·8	3·9	2·4	1·5	9·60
Wasserleitungen.						
Hofwasserleitung am Laaerberge am 5. Mai 1859	15·9	11·6	5·4	5·4	0·3	0·00
„ auf der Sieben-brünnerwiese am 5. Mai 1859	12·07	8·21	5·78	4·2	1·53	0·00
Städt. Wasserleitung am Laurenzerberg am 3. Juni 1859	22·8	13·2	9·78	8·85	0·93	0·00
„ Wasserleitung. Karoly'sche. am 3. Juni 1859	18·5	6·4	10·53	8·38	2·15	0·00
„ Wasserleitung, Albertin'sche. Reservoir bei Hütteldorf. am 4. Juni 1859	13·23	6·90	3·65	3·80	0·20	0·00
„ Wasserleitung nächst dem Pumpwerke der Ferdinands-Wasserleitung (Donauwasser).	11·07	7·21	3·83	2·90	0·40	0·00
„ Wasserleitung, Auslauf im Laboratorium der k. k. polytechnischen Hochschule von neun Untersuchungen 1859 und 1860 (Donauwasser).	8·74	6·38	2·63	.	.	0·00
Wiener-Neustädter-Kanal	.	.	.	.	.	0·98

Bezüglich der Quellenleitungen wurde gefunden, dass die Menge des staubartigen Bodensatzes im Allgemeinen eine geringe ist, dass von anorganischen Bestandtheilen vorhanden sind: kohlensaurer Kalk, Glimmer (besonders in der Albertinischen Leitung) Quarzkörner, dann organischer Detritus und Thonerde.

An organ'schen Bestandtheilen finden sich: Holzzellen von den Röhren, Theile (Thallusfäden, Hyphen) eines Schmarotzerpilzes, der das in der Erde liegende Holz durchsetzt und von der inneren Oberfläche des Rohres zu Tage gefördert wird; sehr zarte confervenartige Fäden, Algenzellenketten, phanerogamme Pflanzenzellen und Diatomaceen von thierischen Organismen wurde nichts entdeckt.

Im Wasser der K. Ferdinands-Leitung finden sich: Reste v n Pflanzenzellen, Pflanzenhaaren, Leinen- und Baumwollfasern, Fäden von Algen und Conferven, Schüppchen von Schmetterlingen, Schafwollfasern, Vogelfedern, eine geringe Zahl von Infusorien.

Im .unfiltrirten Donauwasser finden sich viele lebende Thiere, natürlich desto mehr, je weiter der Kanal schon die Stadt passirt hat, die Stückeltange (Diatomaceae), Anguilluae und Iufusorien.

Vom Wienflusse wurde Wasser nächst Schönbrunn und unterhalb der Elisabethbrücke geschöpft, in welchem sich natürlich eine beträchtliche Menge von pflanzlichen und thierischen Körpern zeigte, wie nicht anders zu erwarten war.

Dagegen zeigte im December 1858 in Purkersdorf geschöpftes Wasser nur einen leichten Bodensatz und keinen unangenehmen Geruch, die Flocken bestanden aus einem Geflechte feiner Wurzelfasern, die nicht näher bestimmt werden konnten, einer lebenden Alge und eben solchen Diatomaceen, also ungefähr so wie in den Wasserleitungen.

Schlechter stellten sich die Resultate von im Februar 1859 ebendort geschöpften Wasser; dasselbe war zwar klar, geruchlos, mit einem geringen feinen staubigen Bodensatze, aber letzterer bestand aus Sandkörnern, Körnern von kristallisirtem kohlensauren Kalk und zahlreichen Diatomaceen und Infusorien

Auf ein ähnliches Resultat wies übrigens schon der starke Ammoniakgehalt hin (siehe die Tabelle), welche Beimengung sich aber durch eine gute Flusspolizei leicht beseitigen liesse.

Wir geben hier die Analyse der K. Ferdinands-Wasserleitung und des Wienflusses von Purkersdorf.

Kaiser-Ferdinands-Wasserleitung,
geschöpft am 28. December 1858.

#	Gefundene Bestandtheile in 10.000 Gewichtstheilen.		Berechnete Verbindungen in 10.000 Gewichtstheilen.	
1	Amoniumoxid	0.000	Schwefelsaures Kali	—
2	Kali	0·180	Chlor-Natrium	—
3	Natron	0·978	Schwefels. Natron	0·412
4	Kalk	—	Kohlensaurer Kalk	1·750
5	Kohlensaurer Kalk	0·156	Schwefels. Kalk	—
6	Magnesia	0 004	Chlor-Magnesium	0·111
7	Eisenoxidul	0·036	Kohlens. Magnesia	0·215
8	Thonerde	0·071	Schwefels. Magnesia	0·039
9	Chlor	0·258	Kohlens. Eisenoxidul	0·006
10	Schwefelsäure	0·056	Eisenoxidul	—
11	Kieselsäure	—	Thonerde	0·036
12	Organische Substanz	—	Kieselsäure	0·056
13			Organ. Substanzen	—
	Summa	1·739		2·625

Wienwasser bei Purkersdorf,
geschöpft am 23. Februar 1859.

#	Gefundene Bestandtheile in 10.000 Gewichtstheilen.		Berechnete Verbindungen in 10.000 Gewichtstheilen.	
1	Amoniumoxid	—	Schwefels. Kali	0·0092
2	Kali	0·00.50	Chlor-Natrium	0·2340
3	Natrum	0·1720	Schwefels. Natron	0·1099
4	Kalk	—	Kohlensaurer Kalk	1·6989
5	Kohlensaurer Kalk	1·8471	Schwefels. Kalk	0·2014
6	Magnesia	0·2022	Chlor-Magnesium	—
7	Eisenoxidul	0·0113	Kohlens. Magnesia	0·4246
8	Thonerde	—	Schwefels. Magnesia	—
9	Chlor	0·1420	Kohlens. Eisenoxidul	—
10	Schwefelsäure	0·1850	Eisenoxidul	0·0113
11	Kieselsäure	0·1025	Thonerde	—
12	Organ. Substanzen	0·2650	Kieselsäure	0·1025
13			Organ. Substanzen	0·2650
	Summa			3·0568

VI. Gegenwärtig bestehende Verhältnisse und Uebelstände am Wienflusse.

In seinem oberen Laufe, d. i. zwischen Rekawinkel und Mariabrunn ist der Zustand des Flusses ein befriedigender und führt letzterer dort auch verhältnissmässig viel und gutes Wasser, von dem unterem Laufe, nämlich zwischen Mariabrunn und der Mündung in den Donaucanal kann dies leider nicht gesagt werden. Hier sind wie allgemein bekannt, bereits derart ungünstige Verhältnisse und sanitätswidrige Uebelstände eingetreten, dass selbe ohne Herbeiführung wesentlicher Nachtheile und ohne Gefährdurg für die Gesundheit der Anwohner nicht mehr länger belassen werden können.

Der grösste Uebelstand wird nämlich durch die bedeutende Verunreinigung des Flusswassers herbeigeführt, indem ausserhalb der Linien Wiens viele Canäle und Cloaken, sowie innerhalb der Linien mehrere Canal-Ueberläufe in den Fluss münden.

Die Haupt-Unrathscanäle, welche zu beiden Seiten des Wienflusses bestehen, reichen nämlich nicht bis in die betreffenden weiter liegenden Vororte und können daher den Unrath von dort nicht aufnehmen, wozu sie übrigens auch zu klein wären. Ebensowenig sind sie im Stande, bei einem sehr starken Regengusse oder Wolkenbruche die gesammten in die Canäle ablaufenden Niederschläge aufzunehmen und abzuführen, in welchem Falle dann ein Uebergiessen der Hauptcanäle in den Wienfluss stattfindet.

Das ausgedehnte Canalnetz, welches die Stadt Wien schon jetzt besitzt und das mit der Vergrösserung der Stadt und der Vororte noch immer mehr erweitert werden muss, entzieht dem Wienflusse überhaupt viel Wasser u. z. kann das Gebiet, aus welchem jetzt schon die atmosphärischen Niederschläge nicht mehr in die Wien gelangen, auf 4—5 Millionen Quadratklafter gerechnet werden.

Wir sehen daher, dass sich die Zustände des Wienflusses mit der immer mehr zunehmenden Verbauung der Grundflächen, mit der vermehrten Pflasterung der Strassen und Hofräume etc. nicht verbessern werden, denn die Niederschläge dringen da nicht mehr in den Boden ein, sondern laufen schnell in die Canäle ab,

4

die wenigen Quellen, welche bestanden, versiegen, und wenn ja noch in dem unteren Wiengebiete Wasser in den Fluss kommt, so ist es Schmutzwasser aus den Canälen.

Ferner wird das Flusswasser noch für verschiedene industrielle Zwecke benützt und obwohl es nur einige wenige Industriezweige wirklich verschlechtern, so wird es doch von vielen davon mehr oder weniger verunreinigt. Ueberdiess dient das Bett und Gelände des Flusses ausserhalb des Stadtgebietes jetzt auch oft zur Ablagerung der verschiedensten Abfallsstoffe, ja des Kothes und Unrathes, welche Stoffe dann bei Hochwässern weiter getragen und in den abwärts liegenden Flussbette wieder theilweise angeschwemmt werden, hier aber zur Verschönerung desselben, sowie zur Verbreitung von Wohlgerüchen ebenfalls nicht beitragen.

Diesen Uebelständen muss daher unbedingt abgeholfen werden, weil dadurch, sowie in Folge des meist ungenügenden Wasserzuflusses sehr übelriechende Verdunstungen, namentlich zur Sommerszeit entstehen, welche für die Anwohner und Passanten nicht nur in hohem Grade unangenehm, sondern geradezu schädlich werden.

Weiters fehlte es an einem einheitlichen Regulirungsplane für die Wien, der Lauf des Flusses ist daher in den Vororten noch nicht gehörig begränzt und befinden sich dessen Ufer dort in einem ziemlich verwahrlosten Zustande, weil es auch an der hinreichenden Ueberwachung mangelt.

Die Regulirung der Wien und die gleichzeitig vorzunehmende Versicherung der Ufer ist daher schon überhaupt sehr nothwendig, speciell aber noch aus dem Grunde, weil ein gleichmässiges und hinreichend grosses Flussprofil meistens nicht besteht, dieses aber unter allen Umständen hergestellt werden soll. Endlich existirt erst seit kurzer Zeit eine feste Baulinien-Bestimmung für die an dem Flusse liegenden Territorien, welche leider nicht immer eingehalten wird, die Ufer sind daher an manchen Stellen willkürlich verbaut und ist oft nicht einmal der nöthige Raum zur Herstellung einer ordentlichen Böschung vorhanden, viel weniger noch zur Anlage von Kommunikationswegen an beiden Ufern, die unbedingt nöthig sind.

Ebenso wird durch die freigestellte Eisgewinnung im Flusse wie nicht minder durch die Schotter- und Sandgewinnung dessen Bett nach allen Richtungen hin durchwühlt und die Wegräumung der aufgeworfenen Schotterriegel den Hochwässern überlassen.

Auch die Eigenthums-Verhältnisse sind sehr complicirter Natur mit Ausnahme des Gebietes von Wien selbst, wo die Gemeinde Eigenthümerin des Flusses ist. Theilweise sind Behörden, ehemalige Dominien, Gemeinden. Private im grundbücherlichen Besitze des Flussbettes und der Ufer, theilweise besitzen selbe nur das Sand-

regale ¹), das Wasserbenützungsrecht, etc. Diese Umstände tragen
auch viel Schuld an den öfter vorkommenden Eigenmächtigkeiten,
mag es sich um Uferschutzbauten, um Herstellung von Stegen,
um Errichtung von Badehütten, etc. handeln.

Es ist in dieser Richtung viel verabsäumt worden und wird
es noch heute. Dagegen gibt es nur ein Mittel zur Abhilfe und
das heisst: strenge Strompolizei, namentlich ganz specielle und
einheitliche Ueberwachung des Flusses, die unbedingt nothwendig ist. Hoffen wir, dass es dazu kommt.

Weiter aufwärts befinden sich im Flusslaufe viele und mäch-
tige Schotterbänke und da der Fluss dort nicht auf die Normal-
breite geregelt, sondern oft übermässig breit ist und seine Ufer
nicht befestiget sind, so findet bei Hochwässern immer noch ein
bedeutendes Verwerfen der Schotterbänke und ein Beschädigen
der Ufer statt.

In die vorerwähnten ausgedehnten Schotterbänke versiecht
und versiekert ein grosser Theil des Wassers und verdunstet dort,
oder fliesst als Grundwasser ab, so dass bei grosser Trockenheit
im eigentlichen Bette nur mehr wenig davon verbleibt.

Die längs des Flusses noch bestehenden Mühlen oder sonstigen Etablissements sind daher in ihrem Betriebe auch sehr be-
einträchtigt und können denselben nur noch mit Unterbrechungen
aufrecht erhalten. Mehrere davon sind aber bereits ganz eingegangen.

Ebenso erleidet die übrige sehr ausgedehnte und wichtige
Industrie in den Vororten Wiens, welche auf das Wasser des
Wienflusses angewiesen ist, durch den zumeist herrschenden Man-
gel desselben, sehr empfindliche Nachtheile, ja es ist die weitere
Benützung des noch vorhandenen Wassers auch bereits behörd-
lich untersagt worden.

Endlich ist für viele andere Bedürfnisse an Wasser in den
Vororten, z. B. für Strassen- und Garten-Besprizung, für Bäder,
bei Feuersgefahren etc. jetzt entweder gar nicht oder nur in un-
genügender Weise vorgesorgt. Für diese Zwecke kann nämlich
auf Wasser aus der Hochquellenleitung kaum gerechnet werden,
da diese nur für die Befriedigung der Bedürfnisse der Stadt
Wien in ihrer gegenwärtigen Ausdehnung hinreichen wird, nicht
aber auch für sämmtliche Bedürfnisse der Vororte.

Ueber die vorerwähnten ungünstigen sanitären Verhältnisse
und die etwa möglichen Einwirkungen des Wienflusses auf dies-

¹) So soll die Gemeinde Penzing ein solches Regale von der Kaiserin
Maria Theresia erhalten haben.

4*

selben werden naachstehende Daten näheren Aufschluss geben.
Es mag vielleicht von mancher Seite auffällig bemerkt werden,
dass Techniker über diese Frage schreiben; allein es sollen keine
kühnen Hypothesen aufgestellt werden, an der Hand von ge-
schichtlichen Daten wollen wir einen Rückblick machen, uns auf
frühere Beobachtungen berufen und daraus Schlüsse ziehen. Wir
wollen eben alle Seiten, die sich dem Gegenstande unserer Darstellung abgewinnen lassen, betrachten und werden Belehrungen
von competenter Seite sehr gerne annehmen [1]).

Auf S. 16 Anm. 1. ist eine Ansicht angeführt, nach welcher die Ausdünstungen des Wienflusses sogar als gewissermassen
gesund bezeichnet wurden, eine Anschauung, welche die Stadtphysiker nicht theilten.

Der k. k. Rath und Kameral-Ingenieur v. Huber äussert
in einem Berichte vom Jahre 1783: wenn der Wienfluss von der
Hundsthurmer Linie bis zu den Weissgärbern „voller Unrath und
stinkend ist", so kommt solches nicht von dem Wienflusswasser
her, welches versickert und nicht faulen kann, sondern von den
vielen Möhrungen und anderen Abflüssen der Abtritte; er spricht
ferner von den todten Thieren, welche in den Wienfluss geworfen
werden. In einem späteren Berichte von demselben Jahre heisst
es : „Es ist unverbesserlich, dass der Schutt und Schotter und andere harte Materien dort ausgeladen werden, wo der Fluss das
Ufer anbricht, welches hiedurch in etwas verbessert wird, wie
denn dieses bei der Kirchenmühle die besten Dienste gethan hat.
Eine Lage von Ledererlohe als eine leichte Materie taugt hiezu
nicht. Der Lederer, so sein Haus nächst dem letzten Steg über
die Wien besitzt, hat eben darum an die Wien gebaut, um ohne
Kosten seine Geschäftsabfälle sogleich in das Flussbett als einen
allgemeinen, von der Natur ertheilten Abführungscanal zu leeren.
Wird dieser nicht beschwert sein und wird der Preis seines Hau-
ses nicht fallen müssen, wenn künftig diese Abfälle mit Wägen
auf eine entfernte Strecke geführt werden sollen."

„Die grösseren Unrathshaufen gleich neben den Kärntner-
und Stubenbrücken werden aus der Stadt theils in Wägen geführt, theils durch arme Leute auf dem Rücken hinausgetragen.
Wer just nicht über die hohe Parapetmauer der Brücke besonders hinunter sieht, der bekommt diese Haufen nicht einmal zu
Gesicht. Eben bei den höchsten Wässern der Wien wird das
Ufer daselbst stark weggerissen, wie solches „die von Wien" am
besten bezeugen können und daher sind dergleichen Dunghaufen
keine geeignete Schutzwehr".

---

[1]) Uebrigens hat der Techniker bei hygienischen Fragen auch ein
Wort mitzureden. Pettenkofer sagt in seinen „Beziehungen der Luft zur
Kleidung, Wohnung und Boden". Braunschweig 1872. S. 104:
„Im Leben sind wesentlich drei Stände die natürlichen Träger und
Vertreter der hygienischen Interessen der Gesammtheit, die Aerzte, die Ver-
waltungsbeamten und die Architecten und Ingenieure."

„Es ist nicht genug, zu verbieten, allen aus der Stadt gebrachten Unrath neben diesen beiden Brücken auszuleeren, sondern es ist nothwendig, einen anderen, nicht allzu entfernten Ort
anzuweisen. Allein ich könnte keinen hiezu ausfindig machen,
da das Glacis dasigen Gegenden regulirt und in Vorstädten nichts
auszuleeren erlaubt ist. Die Ziegelöfen sind zu entfernt, als dass
man die Materien ohne den grössten Kosten soweit führen sollte.
Ich glaube auch nicht, dass sich Besitzer finden lassen werden,
welche die Ausleerung des Unflathes auf ihre Aecker gerne zu-
lassen werden.“

Der Zustand des Wienflusses war somit vor hundert Jahren
ein schlechterer, als er heute ist, nur die Benützung des Flusses
als Ablagerungsort für todte Thiere ist sich gleich geblieben und
hat sich entsprechend der gestiegenen Population vermehrt.

Betrachten wir nun den Einfluss, welchen der Wienfluss in
sanitärer Beziehung auf die Bewohner seiner Ufergründe nimmt.

Als besonderer Gradmesser wird das Auftreten der Cholera
dienen ; denn von medizinischen Autoritäten wird heute die epi-
demische Verbreitung der Cholera, dann einiger anderer Krankheiten, als Typhus, Malaria oder Sumpffieber, in der Beschaffenheit des Bodens, den Reinlichkeitsverhältnissen der Städte, der
Häuser, im Stande des Grundwassers gesucht. [1]

Suess hat in seinem im Eingange erwähnten Werke die Erscheinungen der Cholera vom Jahre 1831 [2] (erstes Auftreten in
Wien) und vom Jahre 1855 einer näheren Untersuchung unterzogen.

Letztere betrachtet er vorerst und zwar bezüglich der Vorstädte an dem Wienflusse wie folgt : [3]

„Auf der unteren Windmühle hat das Zwangsarbeitshaus
Nr. 17 (jetzt erzbischöfliches Knabenseminar, VI., Theobaldgasse
Nr. 2) viele seiner Bewohner verloren, ohne dass die nebenstehen-
den Häuser ergriffen worden sind. Der erste Fall in dieser Gegend kam am 23. Juni in dem (nunmehr zur Eröffnung der En-
gelgasse demolirten) Hause, Dreihufeisengasse Nr. 11 vor. —
Nr. 12 (Dreihufeisengasse Nr. 13) und die tiefer liegenden Häuser
längs dem Wienflusse wurden später nach und nach zum grossen
Theil ergriffen.“

[1] Cholera-Regulativ von Dr. W. Geistinger, Dr. Max v. Pettenkofer
und Dr. C. A. Wunderlich. München 1866.
  Hauptbericht über die Cholera-Epidemie des Jahres 1854 in Baiern
von Alois Martin 1857. — Dr. F. X. v. Gietl: Die Ursachen des enterischen
Typhus in München. Leipzig 1865. — Ursprung und Verbreitungsart der
Cholera; von der internationalen Sanitäts-Conferenz zu Konstantinopel
1866. — etc.
  [2] Ausführlich beschrieben von Dr. Joh. Jos. Knolz in der Sammlung
der Sanitäts-Verordnungen für das Erzherzogthum Oesterreich u. d. Enns.
Wien VII. Theil.
  [3] Den angeführten Conscriptions-Nummern wurden nur in Klammern
die Orientirungs-Nummern beigefügt.

„Man bemerkte keine auffallende Zunahme der Todesfälle
gegen den Wienfluss, auch kein ausgesprochenes Ansteigen der
Daten an diesem Ufer. Nur die engen und dichtbevölkerten
Gässchen des Magdalenen-Grundes wurden früh und heftig ergriffen."

„Es ist schwer zu sagen, ob der Grund hievon in der Dich-
tigkeit der Bevölkerung oder in der Beschaffenheit des Bodens
(abschüssige Tegel-Oberfläche, alte Ziegelgruben) liege."

„Von verschiedener Art, bei weitem schärfer hervortretend
und einer näheren Betrachtung würdig waren die Erscheinungen
auf der anderen Seite des Flusses. Am 13. Juni ereignete sich
hier der erste Todesfall, Wieden, Schmiedgasse Nr. 1037 (IV.,
Mühlgasse Nr. 4) an dem seither aufgelassenen Mühlbache; unterhalb desselben, hart am damaligen Mühlbache, rechts und
links von demselben stehen die Häuser Nr. 1038--1043 (IV.,
Mühlgasse 6, 2, 1, 3, 5), welche nur Senkgruben besitzen; bis
zum 21. Juni hatten sich in jedem derselben ein oder mehrere (zusammen 12) Todesfälle ereignet"

„Fast gleichzeitig (14. Juni) erschien der erste Todesfall ein
wenig tiefer am Mühlbache, in Nr. 797 (IV., Mühlbachgasse
Nr. 10) und am selben Tage einer in Nr. 720 (IV., Heumühlgasse Nr. 1)."

„Rasch breitete sich nun die Krankheit einerseits bis an
die letzten am Mühlbache stehenden Häuser, anderseits etwa bis
zur Lumpertsgasse (Kettenbrückgasse) aus; von den Häusern längs
des Mühlbaches blieben nur wenige ohne Todesfälle."

„Allmälig sank aber die Zahl derselben; die Seuche schien
Anfangs September bis auf einzelne Fälle erloschen; vom 17.
September an ereignete sich sogar in dieser ganzen Gegend kein
Todesfall an Cholera bis zum 25. September, wo sie ganz plötzlich mit ausserordentlicher Heftigkeit wieder auftrat. Namentlich
suchte sie jetzt Opfer in Häusern, welche in den früheren Monaten verschont geblieben waren. Diess gilt besonders von den
am Wienfluss neben einander stehenden Häusern Nr. 919, 816,
817 und 818 (IV., Wienstrasse Nr. 33, 35, 37 und 39), welche
alle vier zugleich am 25. September ihre ersten Todesfälle hatten
und welche sammt Nr. 918 (IV., Wienstrasse Nr. 31), welches
schon am 3. September einen isolirten Todesfall gehabt hatte, an
diesem ersten Tage des plötzlichen Ausbruches 7 Personen verloren. Vom 23. September bis 1. October, also binnen 6 Tagen,
starben in diesen 5 Häusern 27 Personen an Cholera, während
in der näheren Umgegend bis zur Lumpertsgasse (Kettenbrückgasse) und der Neu-Wiedner-Hauptstrasse (Margarethnerstrasse)
nur 5, darunter ein neuerlicher Fall in den Senkgrubenhäusern
der Schmidgasse (Mühlbachgasse), in der ganzen übrigen Vorstadt Wieden nur 3 Personen starben. Am 7. Oktober ereignete
sich der letzte Todesfall in dieser kurzen Häuserreihe, welche im
Ganzen 31 Leichen hatte."

„Nach diesem heftigen Ausbruche waren auch von den 22 Häusern, welche von der Leopoldsgasse (Franzensgasse) abwärts gegen den Wienfluss blicken, nur noch 5 übrig, welche keinen ihrer Einwohner verloren hatten, während oberhalb die noch näher am Flusse stehende Häuserreihe, in der Nähe des Magdalenensteges, bei weitem weniger zu leiden gehabt hatte. [1]) Dieser Umstand weist darauf hin, dass n i c h t d e r W i e n f l u s s , s o n - d e r n d e r M ü h l b a c h , an welchem der erste heftige Ausbruch erfolgt war, a l s d i e H a u p t u r s a c h e d e r V e r - h e e r u n g e n z u b e t r a c h t e n i s t , welche die Cholera in diesem Gebiete angerichtet hat; ein schlagender Beweis hiefür zeigt sich in Folgenden":

„Unterhalb des sogenannten Stärkmachersteges (Pilgrambrücke) befand sich noch im Jahre 1855 die grosse Wehre, welche das Wasser des Wienflusses aufstaute und diesem Mühlbache zulenkte. In der zunächst liegenden Häusergruppe ereignete sich nun ein sehr früher Todesfall an Ruhr (28 Juni) in Nr. 134 (V., Grüngasse Nr. 29) und am 3. und 4. August starben 2 Personen an Cholera in dem anstossenden Hause Nr. 133 (nunmehr demolirt zur Strassenerweiterung); genau zwischen diesen beiden Häusern befindet sich das Ende der von der Wehrgasse kommenden Kloake."

„In der zunächst liegenden Häusergruppe kam im nächst befindlichen Eckhause Nr. 124 (V., Wienstrasse Nr. 85) am 3. August der erste Todesfall an Ruhr, am 13. August der erste in Nr. 125 (V., Wienstrasse Nr. 87) vor, am 19. August der erste Cholera-Todesfall in Nr. 124, am 2. September der erste in Nr. 125, am 4. September der erste in Nr. 126 (V., Wienstrasse Nr. 89), am 6. September der erste in Nr. 127 (V., Wienstrasse Nr. 91), am 10. September der erste in Nr. 128 (V., Wienstrasse Nr. 93). Es folgt nun die Kirche und jenseits derselben das Haus Nr. 117 (V., Hundsthurmerstrasse Nr. 54), in diesem war der erste Cholera-Todesfall am 14. September, in Nr. 118 (V., Hundsthurmerstrasse Nr. 52), der erste am 7. October."

„Die 7 Häuser Nr. 118—124 (V., Hundsthurmerstrasse Nr. 52, 50, 48, 46, 44, 42, Wienstrasse Nr. 85) haben in Summa 17 Personen verloren, während die näher gegen den Wienfluss liegenden Häuserreihen von Nr. 171 (V., Wienstrasse Nr. 34) bis an den Linienwall sehr wenig gelitten haben (7 Leichen in 34 Hausnummern)."

„Bei den so ausserordentlich regelmässigen Fortschritten der Krankheit durch 7 Häuser, kann von einem Zufalle kaum die Rede sein."

„Wir sehen hier im Kleinen und deutlich, was in grösseren Stadttheilen sich im Grossen und in vielfach verwischter Weise zeigt, dass nämlich näher an einer Quelle der Krankheit zuerst

---

[1]) Unter 17 Häuser nur 5 ergriffen, mit 5 Todten.

Ruhranfälle erscheinen, dann Cholera an die Stelle tritt, und diese ihre Verheerungen auf immer weitere Kreise ausdehnt."

„Wehren sind schon vielfach als besonders gefährliche Choleraherde bezeichnet worden und man hat in der Regel das Stagniren des Wassers über denselben als das eigentlich gefährliche Moment bezeichnet.' Da aber die höher liegenden Häuserreihen so wenig gelitten haben, sprechen unsere Erhebungen vielmehr dafür, dass die eigentliche Quelle des Unheiles in der Erhebung des Einsickerungs-Niveau liege. Wo der Fluss höher oben in der wasserdichten Tegelfurche rinnt, sind seine Exhalationen wahrlich ebenfalls weder gering noch angenehm, aber erst von dem Punkte an, wo sein Wasser durch Stauung aus dieser Furche in die durchlassenden Alluvien gehoben ist, treffen wir auf die verheerenden Wirkungen der Seuche."

Suess bemerkt weiters, dass sich im Verlaufe der Cholera in den Jahren 1831—1832 eine ausserordentliche Uebereinstimmung mit jener im Jahre 1855 zeige, wir finden den Sitz der Krankheit im Wienthale besonders längs des Mühlbaches, der um jene Zeit auch an einem Theile des linken Wienufers sich hinzog.

Ueber die Cholera-Epidemie des Jahres 1866 liegen zwei Publikationen vor, [1] die eine erwähnt, dass sich in den Häusern, in welchen besonders viele Todesfälle vorkamen, auch erhebliche sanitäre Uebelstände fanden.

Gigl gibt eine vergleichende Uebersicht nach Bezirken und Gassen, d. h. es sind die Anzahl a) der Häuser in jeder Gasse, die Anzahl b) jener Häuser, in welchen Todesfälle an Brechruhr, Brechdurchfall, Cholera, Cholera-Typhus und Cholera-Typhoid vorkamen und die Zahl c) von Todesfällen in den betreffenden Gassen angegeben.

Berechnet man den Quotienten von b/a = d), um eine Vergleichung zu erhalten, so stellen sich für die Strassen am Wienflusse und Strassen, in welchen Maxima vorkamen, folgende Resultate heraus:

IV. Bezirk:

	b)	d)	c)
Wienstrasse	6 —	0.30 —	11
Mühlgasse	1 —	0.07 —	1
Schleifmühlgasse . .	7 —	0.32 —	9
Heumühlgasse . . .	4 —	0.26 —	4
Hungelbrunngasse . .	7 —	0.37 —	7
Sophiengasse . . .	7 —	0.37 —	14

[1] Bericht des Dr. Nusser in der Sitzung v. 26. November 1866 des medizinischen Doctoren-Collegiums (Wiener Zeitung 1866 S. 600).
A. Gigl, statistische Daten über die Cholera-Epidemie des Jahres 1866 in Wien. Separat-Abdruck aus dem LIX. Band der Sitzungsberichte der k. Akademie der Wissenschaften in Wien. II. Abtheilung 1869.

V. Bezirk:

	b)		d)		c)
Wienstrasse	3	—	0·06	—	4
Siebenbrunngasse . .	10	—	0·15	—	36
Nikolsdorferstrasse . .	15	—	0 34	—	20
Matzleinsdorferstrasse .	12	—	0·16	—	31
Hundsthurmerstrasse .	30	—	0·24	—	47
Krongasse	7	—	0 35	—	10
Grohgasse	6	—	0·46	—	7
Einsiedlergasse . . .	7	—	0·68	—	15

VI. Bezirk:

	b)		d)		c)
Magdalenenstrasse . .	14	—	0·15	—	18
Mollardgasse . . .	10	—	0·11	—	15
Mariahilferstrasse . .	13	—	0·21	—	22
Engelgasse	3	—	0·30	—	3
Getreidemarkt . . .	3	—	0·43	—	3
Gfrornergasse . . .	5	—	0·36	—	5

Aus dieser Zusammenstellung geht wohl deutlich hervor, dass in den Uferstrassen die Epidemie nicht vorherrschend gewüthet hat, und dass diese Gassen gegen die in den betreffenden Bezirken vorgekommene Maxima zurückblieben. Die Zahl der Todesfälle gibt bei dem Umstande, dass die Bevölkerungsziffer für die einzelnen Gassen nicht bekannt ist, keinen Massstab zu einer Vergleichung.

Auch unter jenen Gassen, die sich durch besonders viele Sterbefälle auszeichnen (S. 21 bei Gigl) finden wir die Ufergassen des Wienflusses nicht angeführt.

Um eine Uebersicht im Vergleiche mit den früheren Epidemien zu gewinnen, wurden die Häuser der Uferstrassen verzeichnet, in welchen Sterbefälle (aber nur) an Cholera vorkamen, und geben diese zu folgender Darstellung Anlass.

In der Magdalenenstrasse zeigen sich meist nur einzelne Fälle in einzelnen Häusern. Am 28. August in Orientirungs-Nummer 61; im September: am 11. in Nr. 42, am 22. in 78, am 24. in 94, am 25. je ein Fall in Nr. 53 und 86, am 28. wieder in 53, am 29. ebenso in 15 und 86, am 30. in 18; — im October: am 6. in 82, 11. in 75 und 84, 12. in 66, 14. in 4, 15. in 90, am 21. in 17, 27. in 66.

Wird in Betracht gezogen, dass der grösste Theil dieser Häuser in der engen, aus alten Häusern (die kleine Höfe, niedere Zimmer besitzen und deren Fussboden sich theilweise unter dem Erdhorizonte befinden) bestehenden Ratzenstadl liegen, in welchem eine arme Bevölkerung zusammengepfercht wohnt, und dass ein Zusammenhang zwischen diesen Cholerafällen nicht vorauszusetzen ist, so kann von einem Einfluss der Wien wohl keine Rede sein.

Von der am Wienfluss liegenden Seite der Mollardgasse verzeichnen wir je einen Todesfall am 26. September in Nr. 29, am 25. in 73, am 27. in 37, am selben Tage in 63, am 28. in 21 und am 5. Oktober wieder in Nr. 73.

Auf der gegenüberliegenden Seite finden sich: am 22. August der erste Fall in Nr. 10, am 24. September in 46, am 25. September je ein Fall in Nr. 70, 6 und wieder in Nr. 10, am 26. September in 70, am 28. wieder in 10, am 1. October in 48, welchem sich am 14. ein zweiter Fall anreiht.

Auch hier ist von einer Einwirkung des Flusses nichts zu verspüren, die bezüglichen Häuser sind meistens alte, bei welchen die eben für das Ratzenstadl gegebenen Erläuterungen ebenfalls gelten und im Hause Nr. 10, welches übrigens schon sehr entfernt vom Flusse liegt, haben jedenfalls lokale Umstände beigetragen.

Im Bezirke Wieden taucht in der Wienstrasse die Seuche zuerst im Hause Nr. 37 auf (am 30. September) und fordert im selben Hause am 6. October ein zweites Opfer. Das Haus Nr. 21 gestaltet sich dann zu einem wahren Seuchenherde, denn nachdem am 8. October zwei Opfer gefallen waren, kömmt am 9., 10., 12., 14. und 17. je ein Tod an Cholera vor, also im Zeitraume von 10 Tagen 7 Leichen. Am 17. October wurde noch im Hause Nr 19 eine Person von der Seuche hinweggerafft. Das Haus Nr. 21 besteht aus einem neuen Trakte und aus einem alten, niederem Haustheile, dessen Mauern in der Nähe der Aborte stark infiszirt sind.

In jenem Theile der Wienstrasse, der im V. Bezirk liegt, trat die Seuche am 21. September auf, im Hause Nr. 61, am 22. September und 9. October in Nr. 71, am 5. October in Nr. 26, so dass 4 Leichen zu verzeichnen sind.

Von den an den Wienfluss anstossenden Häusern der Hundsthurmerstrasse finden wir nur zwei Häuser mit je einem Todesfall und zwar Nr. 116 und 122 (am 20. October). Dagegen wurde die andere Seite der Hundsthurmerstrasse in der gleichen Strecke ärger mitgenommen, denn es figurirt Nr. 37 und 111 mit je 6, Nr. 99, 103, 113 und 129 mit je 1 Todesfall.

Ein hervorragendes Auftreten der Cholera in den Häusern zunächst dem Wienflusse finden wir demnach im Jahre 1866 ebenfalls nicht.

Auch bei der letzten Cholera-Epidemie 1873 ist (wenigstens im Bezirke Sechshaus) nach Mittheilungen von ärztlicher Seite kein schärferes Auftreten der Cholera am Wienflusse beobachtet worden, wohl aber an den Mühlbächen.

Alles diess stimmt mit der von Suess gemachten Beobachtung, dass ein im Tegel laufender Fluss und daher ohne Infiltrationsgebiet, für die Umgebung am wenigsten gefährlich sei.

Betrachten wir eine beabsichtigte Verlegung des Flusses

mit Anbringung einer Sohle von Betton, d. h. unveränderlicher Sohle, ohne dass für die Verbesserung des dermaligen Zustandes des Flusses irgend etwas geschieht.

Entweder wird die Sohle in Tegel gelegt, dann wird den sämmtlichen Häusern und Gründen zwischen dem neuen und alten Bette der Zufluss des Wassers aus dem ober dem neuen Bette liegenden Niederschlagsgebiete weggenommen, da das atmosphärische Wasser, in den Fluss gelangt, denselben nicht mehr verlassen kann, d. h., da die als Grundwasser auftretende Niederschlagsmenge zwischen beiden Flussbetten bei fortschreitendem Verbaue sehr gering sein muss, es versiegen sämmtliche Brunnen.

Oder das neue Bett liegt vollständig in einer durchlassenden Schichte, dann ist eine Infiltration des unreinen Wienwassers in die tiefer liegenden Vorstädte unvermeidlich, d. h. der Stand des Grundwassers wird statt erniedrigt, erhöht und nebstdem durch das unreine Wienwasser vergiftet, die Brunnen unbrauchbar und die ganze Gegend zwischen dem alten und neuen Flussbette ist ein — Seuchenherd.

Dasselbe gilt analog auch von den Wasserleitungen, die in solchem Terrain angelegt sind.

Wir wollen diese Perspektive nicht weiter im Detail verfolgen, und machen nur noch auf Eines aufmerksam. Wenn der Canal, der im jetzigen Wienbette angelegt werden müsste, wirklich wasserdicht ist, so kann er die bis zu ihm gelangenden Grundwässer nicht aufnehmen, und es ist sehr möglich, dass durch diesen Umstand Rückstauungen eintreten, die heute — wo der Wienfluss im Tegel läuft — nicht vorhanden sind, ausser bei den nie lang anhaltenden Hochwässern.

Es läuft wohl heute auch ein Theil des Wienflusses im Schotter und zwar beginnt diese Strecke etwas unter der Elisabethbrücke, aber dort beginnt auch der Einfluss der Donauwässer, die viel mächtiger, den Einfluss des Wienwassers verwischen, wie uns die Ergebnisse der Cholera vom Jahre 1866 zeigen, denn weder auf der Landstrasse, noch auf den Stadterweiterungsgründen, so weit sie dem Einflusse der Wien unterliegen würden, zeigen sich besondere Erscheinungen.

Aus Vorstehendem wird daher ersehen werden, wie dringend , nothwendig die Verbesserung des Wienflusses ist, und wie wenig mit der blossen Ableitung desselben in der einen oder anderen Richtung gedient wäre, wodurch die bestehenden Uebelstände eben nur auf den neuen Lauf übertragen werden würden.

Diese Ableitung wäre übrigens wegen der bestehenden ungünstigen Terrain- und Bodenverhältnisse und wegen der zeitweise abzuführenden ungemein grossen Wasserquantitäten mit sehr bedeutenden Schwierigkeiten verbunden, wenn nicht ganz unmöglich.

Lassen wir daher der Wien ihren gegenwärtigen Lauf, jedoch sei unser Bestreben dahin gerichtet, den zeitweise grösseren Zufluss des Wassers so zu regeln, dass dasselbe der allgemeinen Benützung zugeführt werden kann.

Dann werden sich auch die jetzigen sanitären Uebelstände leicht beheben, und der Fluss wird kein Uebel mehr für die Stadt Wien sein, sondern derselben zum Nutzen gereichen.

VII. Bisher gemachte Projecte und Vorschläge für die Verbesserung des Wienflusses allein oder in Verbindung mit den Wienthal-Bahnen.

Im Vorstehenden haben wir gezeigt, welche Uebelstände gegenwärtig am Wienflusse bestehen und wie nothwendig daher dessen Regulirung und Verbesserung ist, unter gleichzeitiger Rücksichtnahme auf Beschaffung des nothwendigen Nutzwassers für die Industrie etc. Es sind dies sehr wichtige Fragen, die unter einander in inniger Verbindung stehen, daher eingehend geprüft und wohl binnen Kurzem entschieden werden müssen.

Bei dem vitalen Interesse, welches der Wienfluss für die Stadt hat, ist es wohl natürlich, dass zur Lösung dieser Fragen schon in älterer, besonders aber neuerer Zeit vielerlei Projecte und Vorschläge auftauchten, allein selbe fassten die Regulirung und Verbesserung des Flusses entweder nicht als Hauptsache auf, sondern nur als Nebenzweck, um Localbahnen, Strassen, Canäle etc. anlegen zu können oder sie dienten blos dazu, um nur Einiges von dem zu erreichen, was im Vorstehenden jetzt als nothwendig bezeichnet wurde. Es erscheint daher bei diesen Projekten die Flussregulirung auch immer nur so weit beantragt, als es der vorhabende Zweck eben erforderte.

Unser Bestreben war es aber, die Wien-Regulirung in umfassendster Weise u. z. wenigstens bis Purkersdorf durchzuführen den bestehenden Uebelständen abzuhelfen und den Fluss für die Vororte und die Stadt nutzbar zu machen.

Wir wollen nun die bisher gemachten Projecte etwas eingehender betrachten, ohne jedoch bei deren Aufzählung auf Vollständigkeit Anspruch zu machen.

Der Hauptsache nach theilen sich diese Projekte, inclusive der Wienthal-Bahnen in VI Gruppen u. z.:

I. Vollständige Ableitung des Wienflusses entweder gegen Hetzendorf in den Liesingbach oder gegen Simmering in den Donaucanal. Verschüttung oder Ueberwölbung des alten Wienbettes und Benützung des dadurch gewonnenen Raumes für Strassen und Localbahnen.

II. Einwölbung oder Ueberdeckung des Wienflusses und

Benützung des dadurch gewonnenen oberen Raumes für Bahnen, Strassen etc.

III. Anlage von Wienthal-Bahnen an den Böschungen und Ufern unter gleichzeitiger Regulirung der letzteren.

IV. Ansammlung der Niederschläge im Wienfluss-Gebiete in grossen Reservoirs und Zuleitung einer constanten Wassermenge zur Bewässerung des Flusses und als Nutzwasser, eventuell Benützung des Wienbettes für Localbahnen.

V. Verbesserung des Wienflusses überhaupt.

VI. Anlage von Schifffahrts-Canälen.

Zur ersten Gruppe gehören folgende Projecte:

1. Dr. Weiss und Baron Schwarz, Ableitung des Wienflusses von Ober-St.-Veit in den Liesingbach, Schwechatfluss und grosse Donau.

2. Graf Mlodetzky, Ableitung des Wienflusses und Anlage einer Eisenbahn im Flussbette mit weiterer Fortsetzung derselben bis Neulengbach und Tulln.

3. Graf Zichy, Ritter v· Schey, Baron Schwarz und Otto Wagner. Ableitung des Wienflusses über Meidling, dann durch den V., IV und III. Bezirk in den Donaucanal, ferner Benützung des Wienbettes für eine Localbahn und für Canäle, endlich Anlage eines Boulevards auf dem eingewölbten Bette bis Schönbrunn.

4. L. Coiseau, Wienfluss-Ableitung.

5. Leop. Funk, Wienfluss-Ableitung.

Zur zweiten Gruppe gehören:

1. Ein in den Jahren 1843—44 verfasstes Project für Einwölbung der Wien und Anlage einer atmosphärischen Eisenbahn bis Hietzing.

2. Stefan Türr, L. v. Mende, Leop. Springer und Karl Hanseli, Einwölbung des Wienflusses innerhalb Wien und Anlage einer Pferdebahn auf dem überwölbten Raume.

3. Franz Mörth, Eindeckung des Wienflusses mit Eisen-Construction und Benützung des oberen Raumes für eine Pferdebahn.

4. L. v. Mende und Graf Spiegel, Einwölbung des Wienflusses.

5. Graf Szechenyi, Einwölbung des Wienflusses.

Zur dritten Gruppe gehören:

1. Ein Project, welches zur Zeit der Erbauung der Kaiserin Elisabethbahn von der Verwaltung derselben vorgelegt wurde, um die Verlängerung ihrer Bahn im Wienflusse bis zum Obstmarkte (Naschmarkt) auf der Wieden zu erzielen.

2. Wiener Baugesellschaft und Wiener Bankverein. Schmalspurige oder eventuell selbst breitspurige Wienthalbahn im Ufer eingeschnitten und mit Umfahrung der Brücken - Widerlager mittelst Tunnels.

3. Schifffahrts-Canal-Actiengesellschaft, schmalspurige Wienthalbahn.

4. Graf Wimpffen, Localbahnen, worunter auch eine Wienthalbahn.

5. Actiengesellschaft für österreichische Verbindungsbahnen, Wienthalbahn.

Zur vierten Gruppe gehören:

1. Die bereits im ersten Abschnitte erwähnten, jedoch nicht zur Ausführung gelangten Projecte Bayer's und Brequin's.

2. 1839 erwähnte Seitle [1]), dass er den Antrag gestellt habe, die in den k. k. Forstdistricten nutzlos abfliessenden Quellen zu sammeln. (Ausser drei kleinen Wasserbassins im k. k. Thiergarten und einigen wenigen in Privatgärten, sind aber derlei Bassins nirgends angelegt. Die im Mauerbach-Thale bestandenen sechs Reservoirs sind, wie schon erwähnt, eingegangen, ebenso die Klausen bei Purkersdorf, dann in der grossen und dürren Wien).

3. Guggenberger schlug in seiner Abhandlung über den Wienfluss (1849) ebenfalls vor, Reservoirs anzulegen und das angesammelte Wasser zum stetigen Abflusse zu verwenden, wozu es genügend ist.

4. D'Avigdor, Anlage eines Reservoirs bei Ober-St.-Veit zur Ansammlung der Hochwässer, constanter Wasserabfluss aus demselben in den Wienfluss, Unrathscanäle zu beiden Seiten desselben, Herstellung einer Localbahn im Wienbette.

5. Holzer, Hochwasser - Reservoirs, Sammelcanäle, Wienbettbahn.

---

[1]) Derselbe rühmt sich, folgende Bauten veranlasst zu haben: den Durchstich auf der Simmeringer Haide, die Corrigirung der Ausmündungen der Wien und des Alserbaches, die Herstellung der Haupt-Unrathscanäle längs des Wienflusses, die Kaiser Ferdinands-Wasserleitung. Ferner habe er das Allerhöchste Handbillet wegen Aufrechthaltung der Albertinischen Wasserleitung erwirkt.

Zur fünften Gruppe gehören:

1. Der Vorschlag eines nicht genannten Projectanten, artesische Brunnen zu bohren und so dem Flusse mehr Wasser zuzuführen.

2. Der Antrag des k. Rathes Riener (1864), nur die Hochwässer im Wienbette abzuführen, so dass dieses immer so ziemlich trocken sei und um ihm ein freundlicheres Aussehen zu geben, soll es mit Gras bepflanzt werden. Das gewöhnlich fliessende Wasser wäre aber in den Seitencanälen abzuführen. Dagegen machte Vice-Baudirektor Gabriel die Einwendung, dass die Querschnitte dieser Canäle zu einem solchen Experimente nicht ausreichen, ja dass für diese Canäle unter Umständen der Wienfluss selbst in Anspruch genommen werden müsse.

3. Darauf proponirte A. Köstlin einen Drainage-Canal vom Meidlinger Wehr bis zum Donaucanale unter der Sohle des Wienflusses für die gewöhnlich abzuführenden Gewässer und Belassung des Bettes für die Hochwässer [1]).

4. 1866 tritt Moriz Szekula mit einem Vorschlage vor die Gemeinde Wien. Er findet die Ueberwölbung und Ableitung des Wienflusses zu kostspielig und beantragt mehrere Schleussen herzustellen, um den Fall des Flusses zu vermindern und um ihn zu zwingen, sein Gerölle und den mitgeführten Unrath schon bei den ersten Schleussen liegen zu lassen und selbe nicht in die Stadt zu bringen.

Zur Abführung des sich ansammelnden todten Wassers hinter den Schleussen müssten Grundablässe in denselben angebracht sein, kurz Projectant will ungefähr jenen Zustand wieder herbeiführen, welcher zur Zeit des Bestandes des Gumpendorfer Wehres und der Wehren bei der Kärntner- und Stubenbrücke existirte, ein Zustand, den wir vorne zu schildern Gelegenheit hatten.

5. 1866 legte Jochmus ein Project vor und proponirte:

a) Oberhalb der Schönbrunnerbrücke das vertiefte Bett der Wien zu 1, 2 oder 3 Frisch-Wasserbecken durch Abdämmung zu benützen u. z. nach der einfachen Art der ausgedehnten Bends (Reservoirs) im Belgrader Walde bei Konstantinopel und ähnlichen Werken in Indien und Ceylon.

b) Die zu vertiefende Sohle des Wienflusses unterhalb der Schönbrunnerbrücke bis zum Donaucanal zu überwölben und dann als eingesenkten Haupt - Abzugscanal zu gebrauchen.

c) Unter den Bögen der Schönbrunnerbrücke und einigen anderen Brücken Schleussen anzubringen und den Haupt-Abzugscanal von Zeit zu Zeit auszuspülen. Das Wasser soll

---

[1]) Zeitschrift des österr. Ingenieur-Vereins 1864. S. 113.

im regulirten Bette des Wienflusses ü b e r dem gewölbten Abzugscanal Winter und Sommer geleitet werden.

d) Von der Wieden bis nahe an Schönbrunn, alsdann einen doppelten Quai an den reinen mit Bäumen bepflanzten, eingedämmten Ufern der Wien zu führen.

e) Eine genaue Nivellirung wird die Frage lösen, ob das aufgestaute Wasser der beantragten Bends oder Reservoirs zur Reinigung eines Theiles der Häuser an der Wien wird dienen können, sowie zur Bewässerung etc. der neuen Baum- und Garten-Pflanzungen am Glacis.

Zur sechsten Gruppe gehören:

1. Ein in den Dreissigerjahren von Baron Puthon vorgelegtes Projekt für einen Schifffahrtscanal von Tulln in die Wien (selbes ist spurlos verschwunden).

2. Ingenieur J. Deutsch. Projekt für einen Wien-Liesing Canal.

3. Baron v. Fleckhammer. Donau-Wienfluss-Schifffahrtscanal mit der Abzweigung bei Tulln.

4. Sigmund Pohann. Vorschlag für einen Donau-Wien-Schifffahrts-Canal oder Neustädter Ebene-Wienfluss-Schifffahrts-Canal.

ad I. Was nun die Flussumlegungen anbelangt, so wird hierüber Folgendes bemerkt:

Die Ableitung gegen Hetzendorf erfordert einen ziemlich langen und tiefen Einschnitt, der aller Wahrscheinlichkeit nach zum grossen Theile aus solchen Letten bestehen wird, welcher mehr oder weniger zu Rutschungen geneigt ist. Es wird in dieser Beziehung auf die bedeutenden Arbeiten hingewiesen, welche die Südbahn seinerzeit zur Sicherung ihres grossen Einschnittes und Dammes bei Hetzendorf zu bewältigen hatte.

Ein solcher den Rutschungen unterworfener Einschnitt wäre aber eine stete Gefahr für den Fluss, besonders bei Hochwässern, die grosse Zerstörungen verursachen könnten. Die gewöhnliche Versicherung der Sohle mit Beton und die Pflasterung der Böschungen ist in diesem Falle nicht genügend und gewährt nicht die erforderliche Haltbarkeit und Sicherheit.

Mit der einfachen Ableitung des Wienflusses in den Liesingbach ist es ferner noch keineswegs abgethan, weil letzterer, sowie auch der Schwechatfluss viel zu kleine Querprofile haben

und ihre eigenen Hochwässer oft nicht aufnehmen können, viel
weniger jene des Wienflusses.

Es müsste daher das Bett dieser Flüsse erbreitert und vertieft, sowie auch mit Ueberschwemmungsdämmen versehen werden, ferner müssten die über diese Flüsse führenden Brücken,
und sonstigen Anlagen ganz umgebaut werden. Da nun die Ter-
rainverhältnisse hiefür ungünstig sind und sich längs der Liesing
und Schwechat viele Industrie-Anlagen befinden, so wären dies
sehr schwierige und kostspielige Herstellungen und würden manche
Industrien dadurch wesentlich beeinträchtiget werden.

Betrachten wir nun die Ableitung der Wien gegen Simmering, so erfordert diese ebenfalls einen fast eine Meile langen
und noch tieferen Einschnitt als die vorstehende Ableitung und
wenn auch das Materiale desselben wahrscheinlich etwas besser
sein dürfte als jenes bei Hetzendorf, so kann doch die Haltbarkeit dieses Einschnittes auch hier nicht mit Gewissheit vorausgesetzt und verbürgt werden.

Die Wirkungen von so grossen und plötzlich eintretenden
Hochwässern, wie selbe bei dem Wienflusse vorkommen, entziehen sich fast jeder Berechnung und es können derartige Unter-
waschungen der Sohle und der Böschungen vorkommen, dass
selbst der Einsturz der letzteren theilweise erfolgen kann.

Eine Versicherung mit Beton oder Steinpflaster ist da ebenfalls nicht ausreichend und gewährt nicht die Bürgschaft für die
vollkommene Haltbarkeit derselben und selbst starke Quader-
mauern sind nicht immer widerstandsfähig genug, um Rutschungen hintanzuhalten.

Die Erhaltung der Ufer würde daher voraussichtlich sehr
grosse Summen erfordern, abgesehen von den Kosten der Wieder-
behebung eingetretener Beschädigungen oder Zerstörungen.

Das neue Wienbett kreuzt ferner von der Meidlinger Brücke
bis zum Donaucanale den ganzen Radialverkehr von Wien in
dieser Richtung und da die obere Breite des Bettes gross ist, so
müssten jetzt schon sehr viele, lange und kostspielige Brücken
hergestellt werden, die sich nach dem Falle der Linienwälle noch
bedeutend vermehren würden.

Eine Uebertragung der eisernen Brücken vom Wienflusse in
das neue Bett kann desshalb nicht stattfinden, weil dieselben er-
stens zu kurz sind und zweitens so lange an ihrer alten Stelle
bleiben müssen, bis das neue Wienbett sammt allen darüber führenden Brücken ganz fertig ist.

Die Umwandlung des neuen Bettes in einen Schifffahrts-

canal ist darum nicht opportun, weil das Aus- und Einladen der
Frachten, z B. Ziegel, Steine, Schotter etz. fast auf der ganzen
Strecke von Meidling bis Simmering, des tiefen Einschnittes we-
gen eine sehr mühselige und theure Arbeit wäre.

Ebenso ist die Tunellirung dieser Wienfluss-Ableitung nicht
ausführbar, weil das Durchschnitts-Gefälle des neuen Bettes sich
mit 1 : 230 ergibt, und die Wirkungen der von uns nachgewiesenen Hochwässer, die auch Bäume, Holz und andere Gegenstände
mit sich führen können, unter diesen Umständen in einem solchen
Tunelle gar nicht abzusehen sind.

Das auszuhebende Materiale von circa 1,000.000 Cub.-Klftr.
würde nur aus Belvedere-Schotter und Tegel bestehen, also für
eine Kultur nicht zu verwenden sein. Zu dessen Ablagerung
braucht man grosse Flächen und müsste hier eine Verführung
auf weite Distanz erfolgen, die, wenn sie auch per Bahn geschieht,
immerhin sehr kostspielig wäre.

Die tiefen Einschnitte der Wienfluss-Umlegung (sei es gegen
Hetzendorf oder Simmering) würden ferner dort, wo sie in Tegel
liegen, aus dem überlagernden Belvedere-Schotter das Grundwasser
auf mehr oder weniger weite Strecken ganz entziehen, daher alle
tiefer liegenden Brunnen entwässern.

Dagegen würde in jenen Strecken, wo die Einschnitte im
Schotter sind, das verunreinigte Wienwasser in diesen einsickern
und dort die Brunnen und Quellen der bestehenden Wasserleitungen verderben. Letztere wie z. B. die Siebenbrunner- und Hun-
gerbrunner-, dann Baron Dietrich'sche Wasserleitung und jene
vom Laaer Berge etc müssten überhaupt ganz aufgelassen werden, da ihnen die tiefen Einschnitte das Wasser entziehen, was
wohl nicht beabsichtiget sein dürfte. Auch würde voraussichtlich
die Verdunstung des schlechten Wienwassers zu Zeiten grosser
Hitze in dem tiefen Einschnitte noch viel bedeutender und empfind-
licher sein als jetzt.

Wir sehen daher, dass sich der Ableitung des Wienflusses
mannigfache und grosse Anstände entgegenstellen, die kaum zu
besiegen sein werden, daher es viel angezeigter ist, die Wien in
ihrem alten, ihr von der Natur angewiesenen Bette zu belassen
und die Uebelstände zu beheben.

ad II. In Betreff der Einwölbung oder Ueberdeckung der
Wien ohne vorherige Ableitung derselben, weisen wir bloss auf
die in den früheren Kapiteln erwähnten, ungemein grossen Hochwässer hin, welche für eine solche Herstellung wohl sehr gefährlich werden könnten.

Da ferner im Niveau der auf diese Art zu gewinnenden
Strasse Locomotiv-Bahnen nicht angelegt werden dürfen, sondern
nur Pferdebahnen, so würden auch die sehr grossen Kosten

dieser Herstellung für letzteren Zweck nicht gerechtfertigt sein und sich keineswegs rentiren.

ad III. Wie eben erwähnt, sind die Lokomotiv-Bahnen im Niveau der Strassen unmöglich, weil diese den öffentlichen Verkehr ungemein gefährden würden.

Es könnten sonach nur Pferdebahnen hergestellt werden, gegen deren Anlage (nach erfolgter Regulirung der Ufer des Wienflusses) auch keine Hindernisse obwalten, und die dem dortigen Verkehr wohl für lange Zeit genügen würden. Was speziell die an oder in den Ufern der Wien projektirten schmalspurigen (eventuell auch normalspurigen) Bahnen betrifft, so ist deren Bestand von den Hochwässern der Wien ebenfalls nicht ganz unungefährdet. Diese Bahnen würden übrigens sehr ungünstige Richtungs- und Steigungs-Verhältnisse erhalten, ferner für die Bewohner und Passanten an der Wien durch den fast im Niveau der Strassen ausströmenden Rauch sehr belästigend sein, ausser es würde gelingen, diesen Uebelstand in irgend einer Weise zu beheben.

ad IV. Die Ansammlung der Niederschläge im Wienfluss-Gebiete halten wir für das einzige rationelle Mittel, um den gestellten Anforderungen zu genügen, jedoch muss diess auf eine solche Art geschehen, dass daraus keine Gefahr für die Bewohner des Wienthales und der Stadt Wien entstehen kann. — Hieher ist denn auch unser Projekt einzureihen. Da aber die Niederschläge, wie wir gesehen haben, nicht genau bestimmbar sind und so bedeutend sein können, dass eine gänzliche Ansammlung derselben manchmal nicht möglich ist, so muss auch für den ungehinderten Abfluss des Ueberschusses gesorgt werden, der noch immer sehr gross sein kann, da ja die Reservoirs nicht leer, sondern mehr oder weniger gefüllt sind.

Es ist daher erklärlich, dass Bahnen im Wienfluss-Bette nicht möglich sind, ausser man würde selbe der sicheren Zerstörung preisgeben.

ad V. Die sonstigen bisher bekannten Vorschläge für die Verbesserung des Wienflusses mögen wohl mehr oder weniger gut ausgedacht sein, allein selbe genügen entweder nicht den obwaltenden Anforderungen oder sind praktisch kaum ausführbar.

ad VI. Was endlich den Donau-Wien-Canal von Tulln nach Weidlingau etc. betrifft, so ist derselbe, wenn auch technisch gerade nicht unausführbar, doch mit so enormen Kosten verbunden, und würde so wenig rentabel sein, dass dessen Herstellung in keiner Beziehung räthlich erscheint. Dieser Kanal würde zu seiner Speisung hauptsächlich das Wasser von den Quellen des Mauerbaches benöthigen (welches zu Zeiten grosser Trockenheit dazu kaum ausreichen dürfte) und würde sonach dem Wienflusse noch

Wasser entziehen, statt solches zuzuführen. Ferner wäre der Verkehr auf dem Kanale ein sehr zeitraubender, da die zu übersteigende Höhe des Wienerwaldes (212°) gegen die Höhe der Donau bei Tulln (90°) und jene der Wienmündung in den Donaucanal (80°) eine viel zu bedeutende ist. Endlich sind Massenfrachten für diesen Kanal nicht vorhanden und werden nie geschaffen werden können, auch genügen für die zu verführenden Frachten die vorhandenen Verkehrsmittel (Donau, Franz-Josefs-Bahn und drei gute Strassen) vollständig.

VIII. Unser Projekt.

Der Hauptübelstand bei dem Wienflusse ist, wie vorher erwähnt wurde, jener, dass er trotz seines schon bedeutenderen Flussgebietes für gewöhnlich zu wenig Wasser führt und der Wasserablauf kein constanter, sondern ein ungemein variabler ist.

Jede wirksame Abhilfe muss demnach darauf gerichtet sein, mehr und stets fliessendes Wasser in den Wienfluss zu bringen. Dies könnte auf zweierlei Arten geschehen, indem man:

1. von irgend einem anderen Bache oder Flusse Wasser zuleiten würde oder

2. die zeitweise grösseren Niederschläge im Wienfluss-Gebiete selbst ansammelt und diese dann zum regelmässigeren Abfluss bringt.

Was nun die erstere Abhilfe betrifft, so wäre den gemachten Erhebungen zufolge eine Wasserzuleitung in die Wien nur von dem Traisenflusse aus möglich, der sehr wasserreich ist und ober der Einmündung des Gölsenbaches, zwischen Wilhelmsburg und Lilienfeld, bereits in einer solchen Höhe liegt [1], dass von dort aus das Wasser gegen den nächst gelegenen niedersten Punkt des Wienerwaldes, d. i. bei der Strassenübersetzung nach Ried (181° = 343·263 meter über dem adriatischen Meere hoch), jedoch auch hier nur unter Herstellung eines ziemlich langen Tunnels gebracht werden könnte.

Allein die bedeutende Länge eines derartigen Zuleitungs-Canales (über 7 Meilen = 53·1 Kilometer) bei sehr ungünstigen Terrainverhältnissen, die sowohl mehrere tiefe Einschnitte als auch einige sehr hohe Thalübersetzungen erfordern würden; ferner der Umstand, dass längs der Traisen sehr viele und grosse Wasserwerke bestehen, welche abgelöst werden müssten, machen diese Abhilfe der enormen Kosten wegen, abgesehen von noch sonstigen sehr grossen Schwierigkeiten unmöglich, daher hierauf von vorneher verzichtet werden muss.

Es bleibt sonach nur der zweite Fall übrig, nämlich die Ansammlung der Niederschläge im Wienfluss-Gebiete selbst, in entsprechend angelegten Reservoirs. Dabei entsteht nun die weitere Frage, ob die Menge dieser Niederschläge auch immer ge-

---

[1] Bericht der Wasserversorgungs-Commission der Stadt Wien 1864, mit dem Längenprofil der Traisen.

nügen wird, um alle vorerwähnten Zwecke zu befriedigen? Diess kann nach den vorerwähnten Erhebungen und Berechnungen bejaht werden. Vorausgesetzt wird aber hiebei, dass der für die Stadt Wien und ihre Vororte in vielen Hinsichten so wohlthätig einwirkende, ja nothwendige Wienerwald in seinem Bestande erhalten bleibt, weil sich sonst die Niederschläge in demselben wohl bald verändern dürften, jedenfalls aber bei heftigen Regengüssen das Wasser zu schnell in den Fluss ablaufen würde.

Zur thunlichsten Vermehrung des Wasserzuflusses könnte man vielleicht auch noch durch einige einzutreibende Stollen bei den Hauptquellen etwas beitragen.

Für die Ansammlung der Niederschläge im Wienfluss-Gebiete genügt es aber nicht, blos ein Reservoir anzulegen, sondern es müssten deren mehrere hergestellt werden, nämlich überall dort, wo die Hauptzuflüsse zur Wien gelangen. Ausserdem wären auch noch bei den grösseren und kleineren Nebenbächen und besonders im Mauerbach- und Halterbachthale einige Reservoirs, respective Thalsperren anzulegen, um sowohl den Wasserzufluss bei stärkeren Niederschlägen möglichst zu regeln, als auch das Gerölle schon dort zurückzuhalten und so etwaigen Verheerungen durch Hochwässer nach Thunlichkeit vorzubeugen.

Alle diese Anlagen dürfen aber nur so hergestellt werden, dass ein grösserer Wasserabfluss im Wienbette immer möglich bleibt; denn wir haben bei Nachweisung der Niederschlagsmengen gezeigt, wie ungeheuer gross und überhaupt nicht sicher bestimmbar die fallende und ablaufende Regenmenge werden kann, deren totale Ansammlung dann nicht thunlich ist, selbst wenn die Reservoirs ganz leer wären.

Wohl werden solch enorm grosse Niederschläge wie im Mai 1851, wo es im ganzen Wienfluss-Gebiete gleich stark und anhaltend geregnet hat, nicht oft vorkommen, auch werden sich plötzliche Gussregen oder Wolkenbrüche nur sehr selten über das ganze Gebiet erstrecken, allein das Flussprofil und die sonstigen Anlagen müssen darauf berechnet sein. Man wird es daher durch Anlage mehrerer Reservoirs auch viel eher in der Macht haben, die grösseren Niederschläge, respective Wasseransammlungen eines oder des anderen Gebietes besser ausgleichen zu können, als bei einem Reservoir, wobei nur die gegen Wien zu liegenden die grösseren sein müssen, was factisch auch der Fall ist.

Weiters erscheint es für die entsprechende Durchführung des vorliegenden Projektes, ja wie gesagt, auch schon im Allgemeinen unbedingt nöthig, dass der Wienfluss nicht nur bis in die Gegend von Ober-St-Veit regulirt und mit festen Ufern versehen wird, sondern, dass diese Regulirung wenigstens bis Purkersdorf als jenem Punkte ausgedehnt werde, von wo aus der Wien bereits grössere Wassermassen zulaufen und dieser Fluss daher auch schon ein etwas geringeres Gefälle angenommen hat als weiter oberhalb. Trotzdem findet aber in dem unteren Gebiete bei starken Hochwässern noch immer ein häufiges Verwerfen des Flusslaufes und Weitertragen der mächtigen Schotterbänke statt.

Feste mit Steinen gepflasterte Ufer längs des Flusses und bei den anzulegenden Wasser-Reservoirs sind daher eine unerlässliche Bedingung, weil es nur auf diese Art möglich ist, das Projekt mit der nöthigen Sicherheit und der Gewähr des Erfolges durchzuführen.

Aus diesem Grunde empfiehlt sich auch die Anlage mehrerer kleinerer Reservoirs statt eines einzigen grossen, weil bei letzterem die Gefahr eines möglichen Durchbruches der grösseren Ausdehnung und Wassertiefe wegen, viel eher vorhanden ist, die Folgen eines solchen Durchbruches aber unabsehbar wären.

Ein einziges grosses Reservoir könnte auch nur in möglichster Nähe der Vororte (also bei Ober-St.-Veit) angelegt werden, wo die niedrigen Ufer gerade nicht den günstigsten Platz hiefür darbieten. Die Mehrkosten sind bei unserer Anlage der Reservoirs nicht sehr bedeutend und können hier, wo es sich um möglichste Sicherheit handelt, nicht in Betracht kommen.

Unter dieser Voraussetzung und bei sorgfältiger Ausführung aller vorbenannten Herstellungen und Versicherungen des Flusses dürfte es dann wohl auch keinem Anstande unterliegen, die Wien von Purkersdorf bis zu ihrer Einmündung in die Donau in einen Schifffahrtscanal zu verwandeln, auf welchem viele Rohprodukte, wie Bau-, Brenn- und Werkholz, Steine, Schotter, Kohlen etc. verfrachtet werden könnten, welcher Canal dem durch ihn berührten Landstriche gewiss zum grossen Nutzen gereichen würde.

Auf der ganzen Strecke von Purkersdorf bis Wien wären dann nicht nur sehr bedeutende, durch den täglichen Zu- und Abfluss sich stets erneuernde und in sanitärer Beziehung nur günstig einwirkende Wassermassen angesammelt, sondern es könnten dieselbe auch für die verschiedenen öffentlichen und industriellen Zwecke, für den Betrieb von Mühlen, Fabriken etc. verwendet, und aus dem letzten Reservoir die nöthigen Leitungen abwärts gelegt werden.

Nach dem vorliegenden Projecte wären nun zur Ansammlung der periodischen Niederschläge im Wienfluss-Gebiete folgende sechs grössere Reservoirs herzustellen, und zwar:

1. Unterhalb Pressbaum nächst dem sogenannten Neuwirthshause, wo die ersteren grösseren Zuflüsse zur Wien gelangen, und zwar: links der Tullnerbach, rechts der Wolfsgrabenbach.

2. Oberhalb Purkersdorf in der Nähe der Heigelsfurter-Mühle zur Ansammlung des Wassers aller bis dahin zulaufenden Bäche.

3. Oberhalb Purkersdorf gegen Gablitz zu, zur Ansammlung der Wässer des Gablitzbaches.

4. Gleich unterhalb Purkersdorf zwischen Bahnhof und

Strasse als Reserve-Bassin für die vorgenannten und zugleich als
Hafen für den Endpunkt des Schifffahrts-Canales.

5. Beim Auhofe in der Nähe von Mariabrunn zur Aufnahme
der Wässer des Mauerbaches und der zwei aus dem Thiergarten
kommenden Bäche.

6. Bei Ober-St.- Veit zur Aufnahme der Wässer des Halterbaches und als Haupt-Reservoir, von welchem aus die Speisung
des weiter unterhalb befindlichen Canales, sowie der Röhrenleitungen zu erfolgen hätte.

Die Lage dieser Reservoirs kann überhaupt, sowie auch in
Berücksichtigung aller hierauf Einfluss nehmenden Factoren, eine
sehr günstige genannt werden, und wären die hiefür nöthigen
Grundflächen, und zwar : meist unwirthbare Gründe glücklicher-
weise jetzt noch ohne grosse Schwierigkeiten und Kosten zu er-
werben.

Ausser diesen müssten, wie gesagt, zur Erzielung der grösst-
möglichsten Sicherheit noch mehrere kleinere Reservoirs und
Thalabsperrungen hergestellt werden.

Um nun die Grösse der Reservoirs bestimmen zu können,
ist es nothwendig zu wissen, welcher Bedarf an Wasser sich für
die Bedürfnisse der Industrie, für öffentliche und Privatzwecke,
für die Speisung des Schifffahrts-Canales etc. herausstellt, Aus der
Vergleichung des grössten Wasserbedarfes mit den zur Ansammlung möglichen und täglich noch zufliessenden Quantitäten wird
man dann ersehen, ob überhaupt damit das Auslangen gefunden
werden kann, oder auf welches Wasserquantum per Tag mit Sicherheit zu rechnen wäre.

Zu diesem Behufe
wurden die nöthigen Er-
hebungen gepflogen, und
stellt sich nach diesen
heraus, das der jetzige
Bedarf für die Indu-
strie per Tag mit
circa . . . . 600.000 Cub.-Fuss = 18947·0 Cub. meter
für die bestehenden Müh-
len etc. . . . . . . 150.000 „ = 4737·0 „
und für öffentliche Zwecke
mit . . . . . . 250.000 „ = 7895·0 „
angenommen werden kann,
dass ferner für die Canal-
speisung bei Annahme
von täglich verkehrenden
10 Schiffen . . . . . 100.000 „ = 3158·0 „
zu veranschlagen wären,
sonach in Summa . 1,100.000 „ = 34.737·0 „

Dieses Quantum wird sich im Winter bedeutend vermindern, daher wir im Stande sind, selbst bei länger anhaltendem Froste, den Bedarf zu decken. Ebenso wird es keinen Schwierigkeiten unterliegen, im Sommer auch ein grösseres tägliches Wasserquantum als das vorbezeichnete zu beschaffen, wie wir bei der Nachweisung der Minimal-Niederschläge gesehen haben.

Unsere beantragten sechs Haupt-Reservoirs haben nun folgende Fassungsräume:

Das Reservoir	1	8,000.000	Cub.-Fuss	= 252.000	Cub. meter	
„	2	11,000.000	„	= 348.000	„	„
„	3	6,000.000	„	= 190.000	„	„
„	4	8,000.000	„	= 252.000	„	„
„	5	17,000.000	„	= 538.000	„	„
„	6	24,000.000	„	= 756.000	„	„
Summa . .		74,000.000	„	=2,336.000	„	„

und sind dieselben durchschnittlich mit $2^a = 3.793$ meter Tiefe projectirt.

Dieser ganze Fassungsraum kann mit Rücksicht auf die übrigen in den Seitenbächen noch anzulegenden kleineren Bassins und Thalsperren leicht bis auf 90,000.000 Cubik-Fuss = 2,842.000 Cub. meter gebracht werden.

Da nun, wie wir vorstehend durch factische Messungen nachgewiesen haben, selbst zur Zeit der grössten Trockenheit und bei dem jetzigen Zustande des Flusses per Tag noch wenigstens 100.000 Cub.-Fuss = 3158 Cub. meter Wasser in der Wien zuflossen (und zwar nur von dem Gebiete der oberen Wien und des Gablitzbaches, ohne Mauerbach, Halterbach, Rothwasserbach etc. etc) [1], so steht uns ein so grosses Wasserquantum zur Verfügung, dass wir damit vollkommen ausreichen, auch wenn es längere Zeit gar nicht regnen sollte.

Ausserdem können wir, wie gesagt, eine Vermehrung des Wasserzuflusses noch durch Anbohrung der Hauptquellen erzielen (denn auf die entgegengesetzte westliche, sehr stark abfallende Seite des Wienerwaldes, fliesst ziemlich viel Wasser ab.) und haben wir schliesslich unsere ersten Reservoirs so weit hinaufgelegt, dass in Folge des dortigen grösseren Gefälles und nicht so durchlässigen Bodens, selbst das von geringeren Niederschlägen noch ablaufende Wasser, welches in dem unteren Laufe versickern würde, ebenfalls angesammelt werden kann.

Berechnet man, welche Wassermassen in allen Reservoirs und Canalhaltungen aufgenommen werden können, so erhält man folgende Zahlen:

_____

[1] Minimum s. S. 43.

Die sämmtlichen Reservoirs fassen wie vorstehend erwähnt, nahe . . . . 74.000.000 C.-F. — 2·336.000 C. m

der Fassungsraum aller kleineren Reservoirs und Thalsperren beträgt circa 16,000.000 „ — 506.000 „ die Canalhaltungen, welche zusammen circa 8000° lang durchschnittlich im Mittel 15° breit und 1° tief sind, ergeben zusammen 120.000 C.-Klf. — 26,000.000 C.-F. — 818·000 C. m. daher ganze Summe 116,000.000 „ — 3.660.000 C. m.

Daraus ersehen wir, dass nicht einmal die Hälfte der von den grössten Niederschlägen in den Fluss ablaufenden Wasserquantitäten in unseren Bassins angesammelt werden könnte, vorausgesetzt, dass selbe ganz leer wären, was ja nicht der Fall ist.

Zu untersuchen und nachzuweisen wäre jetzt noch:

1. Wie viel Wasser in den Reservoirs und Canalhaltungen per Tag verdunsten würde;

2. wie viel die Versickerung und Verseichung betragen könnten und

3. welche Verluste an Wasser sich durch den Schifffahrtscanal ergeben, nämlich durch den continuirlichen, wenn auch nicht sehr grossen Wasserausfluss bei der letzten (untersten) Schleusse in den Donaucanal, weil die Schleussenthore eben nicht hermetisch schliessen.

Zur Beantwortung dieser Fragen kann Folgendes dienen:

ad 1. Die Gesammtfläche aller Reservoirs beträgt nahe . 150.000 □° — 539.498 □ meter jene der Kanalhaltungen zusammen circa . . . . . . 100.000 „ — 359.665 „ Summa 250.000 „ — 899.163 „

Nimmt man nun die Verdunstung für die heissesten Tage mit je 2 Linien — 0·004 meter an, so erhält man hiefür ein Wasserquantum per Tag von circa 125.000 Cub.-Fuss — 3947 Cub. meter, welches uns als solches verloren geht, jedoch für die

Stadt und Umgebung gewiss wohlthätig einwirken würde, weil
dadurch die Luft, namentlich in den Sommermonaten, also zur
Zeit der grössten Trockenheit, mehr feucht erhalten werden
könnte.

ad 2. Was die Versickerung und Verseichung anbelangt, so
ist schon im Vorstehenden erwähnt worden, dass sich hiefür halb-
wegs annähernde Ziffern nicht aufstellen lassen.

Der im Wienfluss-Bette anzulegende Schifffahrts-Canal ist
nicht zu vergleichen mit einer Canalherstellung auf festem Lande
und es kann hier nur so viel bemerkt werden, dass sich die Versickerung durch die projektirte Einengung des Flusses auf sein
Normalprofil, durch Herstellung fester Ufer, ferner durch Aushe-
bung grosser Schottermassen in den Bassins und Canalhaltungen,
hauptsächlich aber durch die Herstellung der tief fundirten Ueberfallswehren und Schleussen auf ein viel geringeres Quantum als
jetzt beschränken wird.

ad 3. Hinsichtlich des Verlustes an Wasser bei der letzten
Schleusse ist zu erwähnen, dass sich derselbe nach der mehr oder
weniger guten Schliessung der Thore, sowie nach der Höhe der
Wassersäule richtet.

In dem Werke über den Rhein Niers Canal ist erwähnt
(Seite 65), dass dieser Wasserverlust bei gut construirten Thoren
und circa 6 Fuss = 1·896 meter Wassertiefe durchschnittlich
$^1/_4$ Cub.-Fuss = 0·0079 per Secunde angenommen werden kann,
daher sich derselbe per Tag mit 21.600 Cub.-Fuss = 682 Cub.
meter ergeben würde.

———

Die Reservoirs liegen nicht seitwärts vom Flusse, sondern
im Flusslaufe selbst, und sollen durch sehr starke steinerne
Ueberfallswehren abgeschlossen werden, in welche wegen der
Canalschifffahrt und der Regulirung des Wasserstandes gleichfalls
sehr stark construirte Kammerschleussen anzulegen wären.

Durch die Anlegung der Reservoirs im Flusslaufe wird zwar
die Herstellung der Abschlusswehren, Stützmauern etc., dann die
Erdaushebung etwas erschwert und vertheuert, allein es wird dadurch auch das Gefälle vermindert und die wilde, reissende Kraft
der Hochwässer gebrochen, wodurch selbe zum gleichmässigeren
und unschädlicheren Abflusse gebracht werden können.

Hingegen stellt sich die Grundeinlösung diesfalls billiger
und leichter durchführbar heraus, weil nur meist unwirthbare,
jetzt der Ueberschwemmung ausgesetzte Flächen in Anspruch genommen werden, und weil ferner durch die Canalherstellung, sowie durch die damit verbundene Regulirung und Erhöhung der

Ufer die anrainenden Grundstücke der Ueberschwemmung entzogen, zu jeder Anlage geeignet, und daher überhaupt sehr an Werth gewinnen werden.

Die Reservoirs müssten natürlich über die normale Wasserhöhe, noch mit einem starken Schutzdamme überall dort umgeben werden, wo diess wegen dem zu niedrigen Terrain nöthig wäre, um bei Hochwässern ein seitliches Durchbrechen derselben unmöglich zu machen.

Zwischen den einzelnen Bassins (und zwar: nur von Purkersdorf an), dann vom letzten Bassin bis zur Mündung der Wien in den Donaucanal wären ferner die behufs Schiffbarmachung des Flusses ebenfalls nothwendigen Stau-, respective Ueberfallswehren sammt Kammerschleussen, wie im Projecte angegeben ist, herzustellen, wobei aber auf die Höhe der Ufer, Gassen, Häuser, Keller, Canäle, Wasser- und Gasleitungen, auf die Sohle und lichte Höhe der Brücken etc., ferner auf die möglichste Verhinderung von Einsickerungen des Wassers in die Ufer-Gründe, sorgfältigst Rücksicht zu nehmen ist.

Längs des ganzen Wienflusses von Wien bis Purkersdorf, müssten ferner, wo möglich an beiden Ufern 8° = 15·172 meter breite Strassen hergestellt, oder der hiefür nöthige Raum wenigstens reservirt werden, um überall eine leichte und bequeme Verbindung mit dem Canale zu haben, und um später Pferdebahnen, Canäle, Wasser- und Gasleitungen etc. anlegen zu können.

Der Canal wäre mit einer entsprechenden Einfriedung zu versehen, ferner müsste auch eine Telegraphenleitung hergestellt werden, um eine schnelle und sichere Verständigung zwischen der Canal-Aufsicht und den Bassins- oder Schleussenwächtern zu ermöglichen.

Das Profil des Schifffahrts-Canales würde jenes sein, wie diess der regulirte Wienfluss darbietet, welcher von der Elisabethbrücke abwärts bis zur Mündung in den Donau-Canal eine durchschnittliche Sohlenbreite von 15° = 28·448 meter besitzt, mit beiderseits 1- bis 1½füssigen gepflasterten Böschungen ; jedoch müssten in dieser Strecke die projektirten und unbedingt nöthigen Regulirungen bei der Gisela- und besonders Stuben-Brücke, nebst dem Neubau der letzteren nach der im Projecte angegebenen Richtung durchgefürt werden.

Von der Elisabeth-Brücke aufwärts hat der Fluss wie sich beim Hochwasser im Jahre 1851 deutlich gezeigt hat, stellenweise ein zu kleines Querprofil, namentlich eine zu geringe Sohlenbreite, so dass hier ein Stauen des Wassers stattfand.

Dieser Uebelstand wird zwar durch die Anlage des Canales etwas verbessert; jedoch könnte man hier, da sich das Flussprofil wegen der angrenzenden Strassen nicht erweitern lässt, auch durch Herstellung wenig hoher Stützmauern statt der Böschungen theilweise abhelfen.

Ueberhaupt müsste auf die Herstellung eines den abzuführenden Wassermasssn entsprechenden, und für die einzelnen Hauptgebiete möglichst gleich grossen Querprofiles des . Flusses, sowie auf die Regulirung, Pflasterung und thunlichste Erhöhung der hie und da zu niedrigen Ufer mit aller Kraft hingewirkt werden.

Ein Leinpfad (Treppelweg) ist nicht nöthig, da beabsichtigt wird, den Canal nur mit Schrauben-Dampfschiffen zu befahren ; jedoch wäre ein schmaler Fussweg, circa 3—·4 Fuss = 0.948 bis 1·264 meter über dem Wasserstand des Canales hoch, an jedem Ufer in der Böschung herzustellen, welcher sich auch leicht anbringen lassen wird.

Schwierig ist die Verbindung des Wien-Schifffahrts-Canales mit dem Donau-Canale.

Letzterer hat nämlich zeitweise einen so geringen Wasserstand, dass die Befahrung desselben mit den 4 Fuss = 1·264 meter tief gehenden Wien-Canal-Schiffen kaum möglich ist ; — ausserdem wird sich der Wasserspiegel des Donau-Canales iu Folge der Regulirung und Verkürzung des Hauptstromes voraussichtlich noch mehr als jetzt senken, daher dann die Sohle durch Baggerung weiter vertieft werden muss.

Auf diese Tiefe des Donau-Canales soll demnach auch die Sohle des Wienflusses (respective Canales), von seiner Mündung bis zur letzten Schleusse gebracht werden, und wäre es in Folge dessen angezeigt, diese Schleusse möglichst weit gegen den Donau-Canal vorzulegen.

Dem stellen sich aber durch die im Bogen liegende Einmünduug, sowie durch den Bestand der Radetzky-Brücke kaum zu umgehende Hindernisse in den Weg, und die letzte Schleusse wird sonach oberhalb der Radetzky-Brücke angelegt werden müsson.

Bis dahin lässt sich aber wieder das Flussbett nicht so viel vertiefen, wie diess vorstehend als nothwendig erwähnt wurde, weil sowohl die Radetzky-Brücke als auch der Sporn bei der Einmündung sehr seicht fundirt sind.

Hier wird man sich daher mit einer anderen Anlage, etwa mit Herstellung eines gemauerten Canal-Gerinnes am rechten Ufer begnügen müssen, in welchem die Schiffe von der letzten Schleusse bis in den Donau-Canal oder vice versa fahren.

Für diesen Zweck ist in der letzten Canalhaltung auch genügend Wasser vorhanden, da in dieselbe noch die Ablauf-Wasser des Wiener-Neustädter Canales etc. münden.

Uebrigens ist die Verbindung des Wien-Canales mit dem Donau-Canale gerade nicht von so grossem Werthe, weil die

Frachten meistens im Wien-Canale selbst zur Ein- und Ausladung
gelangen werden.

Die letzte Schleusse gegen den Donau-Canal müsste ferner
mit einem Fluththore versehen werden, um das Eindringen der
Donau-Hochwässer in den Schifffahrts-Canal zu verhindern.

Weiters wären die im Projecte angegebenen Regulirungen
des Flusses z. B. unterhalb der Pilgram - Brücke, bei dem
Schlachthause nächst der Schönbrunner-Linie, bei der eisernen
Brücke zwischen Sechshaus und Meidling u. s. f. vorzunehmen,
wobei schon auf alle jene Grundparcellirungen, Strassen- und
Brücken-Anlagen, Niveau-Hebungen etc. Rücksicht genommen ist,
welche bisher genehmigt oder vorgeschlagen wurden, und entweder
schon in der Ausführung begriffen sind, oder erst ausgeführt werden sollen.

Für den Betrieb des Canales wären folgende Landungsstellen
anzulegen, und zwar:

1. Unterhalb der Stuben-Brücke am rechten Ufer, von wo
auch vielleicht eine Geleise-Verbindung zum Hauptmauth-Bahnhofe
hergestellt werden könnte, um Kohle und andere Frachten leicht
zu den Schiffen zu bringen. — Auf diesem Geleise könnten die
Wägen entweder nur zur Nachtzeit oder zeitlich Früh mit Pfer-
den befördert werden, um keine Störung in dem Strassenverkehr
hervorzurufen.

2. Oberhalb der Elisabeth-Brücke am rechten Ufer, namentlich wegen Zuführung von Victualien etc. für den dortigen
Markt.

3. In Margarethen gleich unterhalb der Pilgram-Brücke am
rechten Ufer, besonders zur Holzzufuhr.

4. Vor der Schönbrunner-Linie, in der Nähe des Gaso-
meters am rechten Ufer, für Zufuhr von Holz und namentlich
Kohle.

5. Zwischen Sechshaus und Meidling, in der Nähe der eisernen Brücke am linken Ufer.

6. Zwischen Penzing und Hietzing, in der Nähe der Kettenbrücke am rechten Ufer.

7. Im Reservoire bei Ober-St Veit an beiden Ufern.

8. In Hütteldorf zwischen der Bahnstation und dem Brau-
hause am linken Ufer.

9. Im Reservoir beim Auhofe an beiden Ufern, hauptsächlich
zur Verladung von Brennholz.

10. Im Reservoire bei Purkersdorf, als Endhafen zur Verladung von Brennholz, Steine, Schotter etc, woselbst auch eine
Geleiseverbindung zum Bahnhof hergestellt werden könnte.

Es kann hier nicht der Ort sein, noch näher in die Details der Canalbauten oder in jene der Wehren, Schleussen, Brücken etc. einzugehen, sondern muss diess dem Special-Projecte vorbehalten bleiben.

Hier sollen nur noch die Dimensionen der Schiffe und Schleussen bestimmt werden. Da die Schiffe hauptsächlich für den Transport von Brennholz, Steine, Schotter, Kohle etc. dienen sollen, so muss deren Ladungsfähigkeit doch nahe 2000 Zoll-Ctr. = 100 000 Kilogramm betragen, um die Fahrten einigermassen rentabel zu machen.

Wir schlagen folgende Dimensionen für die Schiffe vor u. z.:

Länge = 76 Fuss 0 Zoll = 24 meter.
Breite = 12 „ 8 „ = 4 „
Tiefgang = 3 „ 11½ „ = 1¼ „

Selbe würden daher ganz beladen 3850 Cub.-Fuss = 120 Cub. meter Wasser verdrängen, was ein Gewicht von nahe 2400 Zoll-Centner = 120.000 Kilogramm repräsentirt. Werden hievon 400 Centner = 20.000 Kilogramm für das Eigengewicht des Sehiffes abgezogen, so verbleibt eine Ladungsfähigkeit von 2000 Zoll-Centner = 100.000 Kilogramm.

Darnach bestimmen sich die Dimensionen der Schleussen und die Canaltiefe wie folgt;

Länge der Schleussenkammer = 77⅛ Fuss = 24·5 meter.
Breite „ „ = 13½ „ = 4·25 „

Die Höhe der Schleussen soll durchschnittlich 9 Fuss = 2·844 meter sein.

Die Tiefe des Wassers im Canale selbst soll 6 Fuss = 1·9 meter sein u. z. mit Rücksicht auf eine etwaige geringe Verminderung desselben in den Sommermonaten.

Für das Durchschleussen eines Schiffes wäre demnach ein Wasserquantum von nahe 10 000 Cub.-Fuss = 316 Cub. meter und eine Zeit von 20—30 Minuten erforderlich. Mit diesem Wasserquantum könnte zwar immer ein Schiff hinauf und eines herabgeschleusst werden, allein es wird dieser Fall kaum oft vorkommen, weil die Schiffe nur in den seltensten Fällen zusammentreffen dürften.

Wie schon früher erwähnt, sollen nur Schrauben-Dampfschiffe in Verwendung kommen, da selbe leicht beweglich sein müssen und sich wegen scharfen Krümmungen, sowie Kürze der Canalhaltungen Ketten oder Drahtseile kaum entsprechend anwenden lassen. Die grösseren Kosten der Anschaffung, sowie das durch die Maschinen etwas vermehrte Eigengewicht der Schiffs werden durch die gewonnene Zeit und den leichteren Betrieb mehr als aufgewogen. Raddampfer würden eine bedeutend grössere Breite der Schleussen erfordern, ferner auf die Böschungen und die Sohle des Canales viel schädlicher einwirken, als Schraubendampfer.

Für letztere spricht sich auch der Central-Verein zur Hebung der deutschen Fluss- und Canalschifffahrt aus [1].

Endlich muss noch erwähnt werden, dass es nach der Verfassung des vorliegenden Projectes auch möglich ist, die Canalherstellung vorerst ganz wegzulassen und später einmal auszuführen, wenn selbe der grösseren Kosten oder anderer Umstände wegen gegenwärtig nicht opportun erscheinen sollte. Es verbleibt dann nur die Herstellung der Reservoirs und der Wasserleitungen, sonach die Versorgung der Vororte mit Wasser, ferner die Verbesserung des Flusslaufes, was wohl der hauptsächlichste Zweck ist.

Hinsichtlich der Transporte auf dem Canale können voraussichtlich folgende Frachten-Quantitäten per Jahr veranschlagt werden u. z.:

Brennholz von Purkersdorf und Mariabrunn bis Wien	32 000Klftr. á 25 Z.-C.	= 800.000 Z.-C.	= 40.000 000 Kilo
Bau- und Werkholz von ebendaselbst	. . . . .	100.000	„ = 5.000.000	„
Bruchsteine	2000 C.-K. á 250 Ctr.	= 500.000	„ = 25.000.000	„
Quader, Werksteine	. . . . .	200 000	. = 10.000.000	„
Schotter, Sand	2000 C.-K. á 200	. 400.000	„ = 20.000.000	„
Kohle von Wien bis Gaudenzdorf (Gasanstalt) Sechshaus, Meidling, Penzing, Hütteldorf etc.	. . . . .	500.000	„ = 25.000.000	„
Fürtrag		**2,500.000**	**„ =125,000.000**	**„**

----

[1] Verhandlungen des von dem Ausschusse des Central-Vereines für Hebung der deutschen Fluss- und Canal-Schiffahrt berufenen Techniker-Congresses. — Berlin 1873.

Uebertrag 2,500 000 Z.-C. = 125,000.000 Kilo

Alle ande-
ren Frach-
ten zusam-
men : . . . . 500.000 „ = 25,000.000 „
_____
Summa . 3,000.000 „ = 150,000.000 „

Ein Schiff soll ganz beladen 2000 Centner = 100 000 Kilogramm fassen, jedoch wird diese Ladung nicht immer vorkommen, sondern es kann im Durchschnitte höchstens eine Ladung von 1500 Centnern = 75.000 Kilogramm angenommen werden.

Dies gibt für obiges Gesammt-Frachtenquantum 2000 Schiffsladungen und wenn man nach Ausschluss der Sonn- und Feiertage, sowie der nicht eisfreien Wintertage pro Jahr blos 250 Arbeitstage rechnet, so erhält man als Resultat acht beladene Schiffe per Tag.

Man wird daher mit einer Anschaffung von 12 höchstens sechzehn Schiffen für alle Fälle und selbst dann vollkommen ausreichen können, wenn ein grösseres Frachtenqnantum in kurzer Zeit zu befördern wäre.

—————

Was nun die herzustellenden Wasserleitungen betrifft, so müssten selbe wie schon gesagt, bei dem letzten Hauptreservoir nächst Ober-St.-Veit beginnen und an beiden Ufern der Wien u. z. in den hiezu geeigneten Strassen abwärts, etwa bis zu den Linienwällen gelegt werden; jedoch sollen diese Leitungen nicht unmittelbar von dem Hauptreservoir abzweigen, sondern von einem daneben angelegten kleineren und überdeckten Bassin, um eine Verunreinigung des Wassers oder ein Eindringen von fremden Bestandtheilen in die Leitung zu verhindern und selbe auch vor allfälligen Wirkungen der Hochwässer zu schützen. Dieses kleine Bassin soll ferner so angelegt sein, dass es von dem grossen durch Schützen etc. ganz abgeschlossen und eventuell dazwischen auch noch eine Filtrir-Vorrichtung angebracht werden kann. Die Hauptröhren sollen einen inneren Durchmesser von 30 Zoll haben, womit wohl für alle Fälle selbst in Zukunft ausgereicht werden dürfte und von welchen dann die einzelnen Nebenleitungen in die Fabriken etc. je nach Bedarf abzweigen können.

Ebenso müsste von dem letzten Bassin der jetzt bestehende Mühlbach zum Betriebe der Feldmühle und der Mühle in Hietzing abgeleitet werden, wenn es nicht etwa ausführbar erscheinen würde, diese Etablissements mit Turbinen zu betreiben und für selbe das Wasser ebenfalls in Röhren zuzuführen.

Von jenen Industrien, die das Wasser bei ihren Verrichtungen nicht verunreinigen oder verschlechtern, kann dasselbe wieder in den Canal zurückgeleitet werden, von allen übrigen dürfte es aber nicht mehr dahin kommen, sondern soll in die bestehenden Unrathscanäle ablaufen, wodurch diese unter Einem auch gut ausgespült werden würden.

Die Länge der Hauptröhren-Leitungen wird nahe 4000° betragen und unterliegt es keinem Anstande, dieselben auch noch weiter in die Stadt fortzulegen, ja man könnte aus jeder Canalhaltung wieder Röhrenleitungen für die tiefer liegenden Bezirke abzweigen und diese Wässer für manche Industrien und öffentliche Zwecke benützbar machen.

Ausser den Linien und Vororten würden aber eventuell selbst neue Wasserwerke angelegt und die noch bestehenden wesentlich verbessert werden können. Endlich wird das Wasser des Canales auch noch für die Agricultur, für Bespritzung der Strassen, Gärten etc. wesentlichen Nutzen gewähren.

Berichtigung der sinnstörenden Druckfehler.

Seite 19, 2. Zeile von oben soll es heissen: „Hoflaurath" statt Holzvorrath.

„ 29, 5. „ „ „ „ „ „ „sanftgerundeter" statt sanftgewundener.

„ 31, 6. Zeile von unten soll es heissen: „solchen Hernalser Tegel" statt solchen Tegel.

„ 34, 17. Zeile von oben soll es heissen: „Laubholz" statt Bauholz.

„ 40, 18. „ „ „ „ „ „ „in festen Gebirgen" statt in ihren festen Gebirgen.

„ 41, vor 7. Zeile von unten fehlt der Satz:
„Hievon würden auf die einzelnen Gebiete entfallen-:

„ 42, 16. Zeile von unten soll es heissen: 2"-6'" statt 2"—6".

„ 46, Kopf der Tabelle, letzte Columne soll es heissen: „Ammoniak" statt Ammonial.

———